Viktoria Schwenger
Fort, nichts wie fort

Viktoria Schwenger

Fort, nichts wie fort

Letzte Zeitzeuginnen berichten von
Flucht und Vertreibung

rosenheimer

© 2020 Rosenheimer Verlagshaus GmbH & Co. KG,
Rosenheim
www.rosenheimer.com

Titelfoto: © Bundesarchiv, R 49 Bild-0118
Lektorat: Beate Decker, München
Satz: SATZstudio Josef Pieper, Bedburg-Hau
Druck und Bindung: GGP Media GmbH, Pößneck
Printed in Germany

ISBN 978-3-475-54857-4

Inhalt

Die große Katastrophe

Am 8. Mai 2020 jährt sich mit der bedingungslosen Kapitulation Deutschlands zum fünfundsiebzigsten Mal das Ende des Zweiten Weltkrieges, mit dem für die deutsche Bevölkerung in den verlorenen Ostgebieten, die dort seit Jahrhunderten gelebt hatten, die große Tragödie begann: der schmerzliche Verlust der angestammten Heimat durch Flucht und Vertreibung, später durch Aussiedlung.

Man schätzt heute, dass sich zwölf Millionen Menschen, vor allem Frauen, Kinder und Alte, auf den mühevollen und gefährlichen Weg in den Westen machten, um den Gräueln und Massakern der Sieger zu entgehen. Diese rächten sich nun an der deutschen Zivilbevölkerung für die Verbrechen, welche die Wehrmacht in ihren Ländern verübt hatte.

Geschätzte drei Millionen sollten die Flucht nicht überleben: Sie wurden von den nachrückenden feindlichen Truppen getötet, starben an Hunger und Entbehrungen oder erfroren im eiskalten Winter des Jahres 1945.

Unbeschreibliche Mühen und Belastungen mussten diese Menschen erleiden, manche waren gezwungen, ihre Eltern, Großeltern, Mütter und Kinder im Straßengraben tot zurücklassen, notdürftig mit Schnee und Dreck bedeckt.

Selbst wenn sie es schafften in sicheres Gebiet zu gelangen, war ihre Not noch lange nicht zu Ende.

Deutschland war am Boden zerstört, die Städte zerbombt. Die Bevölkerung im Westen litt in der Nachkriegszeit mehr noch als während des Krieges an Wohnungsnot, Lebensmittelknappheit, Krankheit, Invalidität.

Trauer über die gefallenen oder vermissten Ehemänner und Söhne beherrschten den Alltag.

Doch eines besaßen die Menschen im Westen trotz aller Not noch: ihre Heimat.

Nun kamen nach den vielen Evakuierungen aus den zerbombten Städten zusätzlich Millionen von Flüchtlingen und Vertriebenen aus dem Osten, die man aufnehmen, versorgen und integrieren musste. Diese Menschen hatten oft nicht mehr als einen Rucksack auf dem Rücken, die zerrissene Kleidung, die sie am Leib trugen, zerfledderte Schuhe. Diese daher später oftmals als »Rucksackdeutsche« Verspotteten hatten alles verloren: ihr Hab und Gut, oft genug ihre Familie und Freunde, ihre geliebte Heimat. Sie standen vor dem Nichts, waren auf die Hilfe der Menschen im Westen angewiesen. Nicht immer wurden sie mit offenen Armen aufgenommen, oft war das Gegenteil der Fall.

Viele mochten anfangs noch gehofft haben, wieder in die Heimat zurückkehren zu können, doch diese Hoffnung zerschlug sich schnell. Die Alliierten machten bald klar, dass diese Rückkehr ein

Wunschtraum bleiben würde, man sich stattdessen in das Unvermeidliche fügen und sich hier in der Fremde eine neue Existenz aufbauen müsste.

Mit großem Fleiß trugen sie entscheidend zum Wiederaufbau Deutschlands und dem Wirtschaftswunder der nachfolgenden Jahre bei.

Heute, fünfundsiebzig Jahre später, wissen Kinder und Enkelkinder oft nur noch wenig von dem Grauen und der übermenschlichen Anstrengung ihrer Großeltern und Urgroßeltern, vom Schmerz und der Schmach, die angestammte Heimat verlassen zu müssen, von den Ängsten vor einer ungewissen Zukunft in einer fremden Umgebung. Sie sind hier geboren, fühlen sich ganz als »Einheimische«.

Mit diesem Buch möchte ich an die unzähligen Geflüchteten und Vertriebenen dieser Katastrophe erinnern.

Zehn Frauen, alle um die neunzig Jahre alt, haben mir ihre Geschichte von Flucht, Vertreibung oder Aussiedlung anvertraut. Sie waren damals noch Mädchen oder junge Frauen, meist ganz auf die Kraft und den Mut ihrer Mütter oder Großeltern angewiesen, die heute nicht mehr leben.

Es sind unterschiedliche Schicksale, von denen sie berichten, doch alle haben eines gemeinsam: den Verlust der geliebten Heimat, die Erinnerung an die schreckliche Zeit der Flucht oder Vertreibung und an die erste schwere Zeit in dem fremden, neuen Zuhause. Doch sie erzählen auch von der gelungenen Eingliederung und dem erfolgreichen Leben in dem

Land, das sie heute, nach Jahrzehnten, als ihre Heimat begreifen.

Möge sich dieses Grauen von Krieg und Vertreibung niemals wiederholen.

Viktoria Schwenger

Hilde – Flucht aus dem Sudetenland

Meine erste Heimat und der Ort, in dem ich 1926 geboren und aufgewachsen bin, ist Müglitz/Mähren, im Sudetenland.

Mähren war früher österreichisch-habsburgisches Gebiet. Es kam 1918 nach dem Zusammenbruch der österreichisch-ungarischen Monarchie in die neu entstandene Tschechoslowakei, doch viele frühere Deutsch-Österreicher, so wie auch meine Familie, blieben in dem Gebiet wohnen. Es war damals unsere Heimat.

Müglitz war eine hübsche kleine Stadt im Landkreis Hohenstadt und rein deutsch.

Es lebten auch Tschechen in Müglitz, aber mit denen hatten wir nicht viel zu tun, wir lebten zwar mit ihnen zusammen, aber wir mochten uns nicht besonders. Wir Deutschen blieben unter uns und hielten zusammen, ebenso die Tschechen.

Zwar blieb es nicht aus, dass sich gelegentlich Tschechen und Deutsche ineinander verliebten und heirateten, so wie die Schwester meiner Mutter, aber gern gesehen war es nicht.

Ich muss heute gestehen, dass wir Deutschen uns für etwas Besseres hielten und insgeheim die Tschechen verachteten. Diese hochmütige Einstellung sollte sich Jahre später bitter rächen.

Mein Vater betrieb im Ortszentrum eine kleine Schreinerei, aber er bekam nur von Deutschen Aufträge, nie von Tschechen. Meine Mutter war Hausfrau, wie seinerzeit üblich, und verdiente mit Näharbeiten etwas zum Lebensunterhalt dazu.

Ich hatte zwei Geschwister: Mein Bruder Erich war drei Jahre älter, und Gerti, meine Schwester, zwei Jahre jünger als ich.

Wir lebten gut in Müglitz. Dann begann die Zeit des Nationalsozialismus.

Am 1. Oktober 1938 gingen aufgrund des »Münchner Abkommens« die traditionell überwiegend deutsch besiedelten Gebiete der Tschechoslowakei an das Deutsche Reich über. Bereits zum 10. Oktober wurden sie militärisch besetzt. Zusammmen mit den deutsch besiedelten Randgebieten Böhmens wurden sie unter dem Begriff »Sudetenland«

Meine Familie.

zusammengefasst. Wir »Deutschmährer« wurden nach der Besetzung durch Sammeleinbürgerung deutsche Staatsbürger.

Am 15. März 1939 wurden dann auch die überwiegend von Tschechen besiedelten Gebiete Böhmens und Mährens von der deutschen Wehrmacht besetzt.

Es wurde uns gesagt, Hitler hätte uns von den Tschechen »befreit« und wir wären nun »heimgekehrt ins Reich«. Wir waren stolz darauf! Für die Tschechen muss es schrecklich gewesen sein.

Ich war damals zwölf Jahre alt, hatte von all den politischen Umwälzungen keine Ahnung, es kümmerte mich als Kind auch nicht.

Neben den Tschechen lebten in Müglitz auch viele Juden, schon seit Generationen. Mein Vater pflegte guten Kontakt zu ihnen, und sie gaben ihm öfter Aufträge.

Nach der Besetzung durch die Deutschen waren die Juden der Verfolgung durch die Nazis ausgesetzt, mussten zur Erkennung den gelben Judenstern tragen. Viele dieser Menschen konnten flüchten, einige davon nach Amerika. Doch jene, denen die Flucht nicht gelang oder die zu gutgläubig waren, wurden abgeholt und deportiert. Wir wussten nicht, wohin sie gebracht wurden. Erst später, nach dem Krieg, erfuhr man, was an Schrecklichem in den Konzentrationslagern geschehen war.

Mein Vater hatte einmal einem der Juden bei der Fluchtvorbereitung geholfen. Da wurde er auf die Kommandantur gerufen und verwarnt. »Lassen Sie das, Herr Heger! Es könnte sehr zu ihrem Nachteil sein, wenn Sie diesem Gesocks helfen!«

Mein Vater entgegnete: »Der Mann hat mir einmal in einer Notlage geholfen, jetzt helfe ich ihm!«

Viele Jahre später, da lebten wir bereits in Kronach, brachte uns die Post ein Care-Paket aus Amerika. Eben dieser Mann hatte uns über den Suchdienst des Roten Kreuzes ausfindig gemacht und uns das Paket geschickt! Wie waren wir froh und glücklich über diese Gabe in der schlechten Nachkriegszeit!

Wir Kinder, und erst recht die Jugendlichen, waren begeistert von unserem neuen Deutschtum. Am Sonntag gingen wir statt zur Kirche in den Stadtpark, haben dort die deutsche Fahne gehisst und gesungen. Die Gruppentreffen und Heimatabende mit Singen, die vielen Begegnungen mit Spielen und die Zeltlager begeisterten uns. Wir waren stolz darauf, Deutsche zu sein.

Nach der Schule hatte man das sogenannte Pflichtjahr zu absolvieren, eine soziale Aufgabe für das deutsche Volk. Man bekam kein Geld, man tat dies aus Begeisterung und Idealismus. Ich wurde als Haushaltshilfe bei einem hohen Parteifunktionär mit sechs Kindern eingesetzt.

Mir gefiel es sehr gut dort, hatte ich es doch viel besser als manches andere Mädchen, das zu schwerer Arbeit in der Landwirtschaft oder sonst wohin abkommandiert worden war.

Nach diesem Pflichtjahr versuchte ich, einen Ausbildungsplatz zu finden und hatte Glück: Ich wurde als Verkaufslehrling in einem Modegeschäft in

Müglitz am Stadtplatz eingestellt, habe dort meine Ausbildung beendet und meine Abschlussprüfung abgelegt. Ich war sehr stolz darauf und dachte, nun stünde mir die Welt offen.

Adolf Hitler, der »Führer«, hatte am 1. September 1939 mit dem Überfall auf Polen den Zweiten Weltkrieg begonnen, und mein Vater wurde als Soldat an der Front im Osten eingesetzt. Auch mein Bruder Erich wurde, von der Schulbank weg, eingezogen.

Ebenso wurde ich einberufen. 1944, nach dem Ende meiner Lehrzeit, verpflichtete man mich für ein Jahr zum RAD, dem Reichsarbeitsdienst, einem »Ehrendienst am deutschen Volke«. Da war ich gerade achtzehn Jahre alt.

Wir Mädchen wurden dort gegen kleines Entgelt zu allen möglichen Arbeiten herangezogen: als Helferinnen bei der Ernte, zum Nachrichtendienst, für karitative Aufgaben, zur Entlastung der Mütter. Als mein Dienstjahr beendet war, kam ich wieder nach Hause, nach Müglitz.

Wie gerne hätte ich in meinem erlernten Beruf gearbeitet, doch das war nicht gestattet. Wir Frauen hatten für das deutsche Vaterland, für die Kriegsmaschinerie zu arbeiten, wo doch die Männer an der Front kämpften!

Die mährischen Industriebetriebe wurden für die deutsche Kriegswirtschaft eingesetzt, und so landete ich mit anderen Mädchen und Frauen bei der Firma Siemens. Wir wickelten Motoren für Ein-Mann-Torpedos. Was für eine eintönige Arbeit!

Nachdem mein Vater an der Front war, sollte die Schreinerei konfisziert werden, da sie keinen Gewinn mehr einbrachte. Mein Vater und die Gesellen waren im Kriegsdienst. Wer hätte die Arbeit machen sollen?

Meine Mutter und ich sprachen bei der zuständigen Behörde für Mährisch Schönberg vor und erhoben Einspruch. Sie empörte sich: »Wie soll mein Mann noch Mut zum Kämpfen haben, wenn ihm zu Hause alles weggenommen wird?«

Da entgegnete der Beamte scharf: »Passen Sie auf, was Sie sagen, Frau Heger! Solche Reden könnten Sie teuer zu stehen kommen!«

Da wir Frauen die Schreinerei nicht betreiben konnten, wurde sie konfisziert.

Auch wenn inzwischen an allen Fronten gekämpft wurde, so war unser Gebiet von direkten Kriegshandlungen nicht betroffen. Immer noch klangen die Siegesparolen aus dem Radio, die Versprechungen an den Endsieg. Doch hinter vorgehaltener Hand raunte man, dass die Ostfront immer näher rückte, und damit die russische Armee.

Vor den Russen hatten wir schreckliche Angst, man hatte von grausamen Kriegsverbrechen gehört, welche sie verübt hatten, von Folterungen, Erschießungen und vor allem von Vergewaltigungen.

Es erreichten uns die ersten Flüchtlingsströme aus dem Osten. Die Menschen nächtigten im Stadtpark oder auf den Straßen, bevor sie weiterzogen.

Mein Vater kam einmal auf Heimaturlaub von der Front und sagte zu meiner Mutter: »Was wir da im Osten treiben, das ist furchtbar, das kann niemals gut gehen. Wenn das gerächt wird, dann gnade uns Gott!« Er fügte bedrückt hinzu: »Mir graut davor, an die Front zurückzumüssen!« Doch es blieb ihm nichts anderes übrig, wie allen anderen Soldaten auch. Weigerung oder Desertation hätte sofortige Erschießung zur Folge gehabt. Später ließ uns mein Vater von der Front eine Warnung zukommen: »Wenn ihr wegmüsst, dann geht westwärts, auf keinen Fall in den Osten!«

Darüber war meine Mutter sehr bestürzt. »Steht es denn so schlecht, dass auch wir an Flucht denken müssen, so wie die aus dem Osten?«, fragte sie mich erschrocken.

Ich zuckte ratlos mit den Schultern. Unsere Heimat, unser Haus verlassen? – Das konnte ich mir nicht vorstellen!

In dieser Zeit kam mein Bruder Erich nach Hause, kriegsversehrt. Er hatte an der Front einen Kniedurchschuss erlitten und war nicht mehr einsatzfähig. Das war sein Glück!

Am 8. Mai 1945 kapitulierte Deutschland, der Krieg war beendet und verloren. Bang fragten wir uns, was mit uns geschehen würde.

Wir hörten immer mehr von Gräueltaten der Russen, aber auch die Ressentiments der Tschechen gegen uns Deutsche verstärkten sich, wenn anfangs auch noch versteckt.

Aus Angst vor den Russen beschloss meine Mutter, für einige Zeit wegzugehen, in der Hoffnung, wieder zurückkehren zu können. Wohin, wussten wir nicht, auf jeden Fall gingen wir mit vielen anderen westwärts.

Im Hinterhaus unseres Anwesens lebte eine Tschechin mit ihrem Mann. Sie versprach, während unserer Abwesenheit auf unser Haus aufzupassen, und meinte, wir sollten ihr doch die Wertgegenstände, die wir zurücklassen mussten, zur Aufbewahrung überlassen. Doch diesen Rat befolgte meine Mutter nicht, zu misstrauisch war man den Tschechen gegenüber. Zudem sollte unsere Abwesenheit nicht lange dauern, wir waren ganz sicher, die Lage würde sich beruhigen.

Mein Bruder organisierte ein altes Militärfahrzeug, und wir – meine Mutter, Gerti, Erich und ich – packten das Nötigste. Wir schlossen die Haustür ab und machten uns schließlich auf den Weg in Richtung Prag.

Doch wir kamen nicht weit, schon wurden wir von den Tschechen kontrolliert. Wir mussten bis auf das Allernötigste alles abgeben, das Auto wurde konfisziert, und wir liefen mit vielen anderen Flüchtenden zu Fuß weiter bis nach Cholin, das etwa zweihundert Kilometer entfernt war. Selbst die paar Habseligkeiten wurden uns zu schwer, und nach und nach ließen wir Teile davon am Straßengraben liegen, wo schon viele Sachen lagen, die andere Flüchtlinge zurückgelassen hatten.

In Cholin war ein großes Lager am Fluss entstanden. Das Schlimmste für uns Kinder war, dass wir von unserem Bruder getrennt wurden, er war unser Schutz gewesen. Wo wurde er hingebracht? Wir waren verzweifelt.

Das Lager, in das wir einquartiert wurden, war riesig. Tausende von Menschen waren notdürftig untergebracht worden. Es war schrecklich dort, es gab kaum etwas zu essen und zu trinken.

Gleich bei unserer Ankunft sah ich eine Frau, die sich vor Verzweiflung mit ihrem etwa siebenjährigen Sohn im nahe gelegenen Fluss ertränkte. Noch heute klingen die verzweifelten Hilfeschreie des Buben in mir nach. Doch es half ihm nichts, die Mutter war stärker und drückte ihn immer wieder unter die Wasseroberfläche, bis er tot war. Dann ging auch sie im Fluss unter. Niemand half.

Das war mein erstes grauenvolles Erlebnis, vielleicht ist es mir deshalb besonders im Gedächtnis geblieben. Doch diesem sollten noch viele weitere schreckliche Geschehnisse folgen.

Bereits am nächsten Tag schickte uns die tschechische Lagerleitung wieder weg, wir mussten das Lager verlassen. Doch wo sollten wir hin? In unserer Verzweiflung und Ratlosigkeit beschlossen wir, wieder nach Hause zu gehen, wohl auch, weil unser Vater noch im Krieg war und Mutter ihn nicht alleinlassen wollte, falls er nach Müglitz zurückkehren sollte. In einem Treck voller Menschen machten wir uns zu Fuß auf den Weg zurück in die Heimat.

Gottlob stieß nun mein Bruder Erich wieder zu uns, der in ein anderes Lager gebracht worden war. Was für eine Freude und Erleichterung, als wir ihn wiedersahen!

In unserem Treck gingen viele alte und gebrechliche Menschen, welche die lange Strecke, die vor uns lag, niemals würden bewältigen können.

Da fing meine Mutter, dafür bewundere ich sie heute noch, ein wild laufendes Pferd ein, organisierte eine Art Boller- oder Leiterwagen, setzte ein paar der alten Leutchen hinein, und gemeinsam zogen wir den Wagen ostwärts.

Tagsüber gingen wir entlang der Landstraßen, mieden die Dörfer aus Angst vor der tschechischen Bevölkerung, nachts schliefen wir erschöpft und verdreckt, hungrig und durstig im Straßengraben.

Inzwischen waren erste russische Truppen in der Gegend angekommen. Die Soldaten marschierten entlang des Straßenrandes und suchten sich Frauen aus dem Treck aus: »Dawei, dawei!«, schrien sie und trieben Frauen mit ihren Gewehrkolben vorwärts, verschleppten sie. Es gab kein Entkommen. Viele von ihnen sahen wir nicht mehr, bei den anderen, die zurückkamen, ahnte man, was ihnen widerfahren war, doch man sprach nicht darüber.

Meine Mutter versuchte, Gerti und mich zu verstecken, legte sich nachts über uns, damit die Russen uns nur ja nicht als junge Mädchen erkannten, denn auf diese hatten es die Männer besonders abgesehen.

Es waren fürchterliche Zustände: Alte Leute und kleine Kinder starben, wurden entlang des Straßengrabens notdürftig beerdigt, besser gesagt verscharrt. Es gab in der Zeit kaum etwas zu essen oder zu trinken.

Nach ungefähr vier Wochen kamen wir wieder in Müglitz an. Keiner von uns glaubte, dass unser Haus noch für uns frei wäre, nach allem, was wir inzwischen gesehen und erlebt hatten. Doch was für eine

Überraschung erwartete uns, als wir dort ankamen! Die tschechische Frau aus dem hinteren Haus hatte unser Zuhause beschützt, und wir konnten wieder einziehen! Wie froh und dankbar wir ihr waren, und wie beschämt darüber, dass wir so misstrauisch gewesen, ihr nicht vertraut hatten!

Erleichtert bezogen wir unser Haus und hofften, trotz aller Ängste hierbleiben zu können. Es war unsere Heimat.

Zuallererst mussten wir uns auf der Behörde zurückmelden, und wir wurden sofort zu Zwangsarbeiten eingeteilt. Zudem mussten wir von da an eine Armbinde aus weißem Tuch mit einem schwarzen »N« für »Němec«, »Deutscher«, tragen, damit wir jederzeit als Deutsche erkennbar waren, so, wie unter den Nationalsozialisten die Juden den gelben Judenstern hatten tragen müssen. Manche von ihnen mussten nun, statt des Judensterns, die Armbinde mit dem »N« tragen. Was für eine Ironie des Schicksals!

In London residierte die tschechische Exilregierung, und von dort erließ der Staatspräsident, Edvard Beneš am 19. Mai 1945 das Dekret, dass »alle Personen deutscher Nationalität als staatlich unzuverlässig« erklärt wurden. Mit diesem Beschluss begannen die Enteignungen und Ausweisungen der Sudetendeutschen.

Die Tschechen gingen sehr brutal mit den Deutschen um, die hiergeblieben oder die Flucht nicht geschafft hatten. Sie waren schlimmer und noch gefürchteter als die russischen Truppen, die nun die Gegend überrannten.

Jetzt rächten sich die Tschechen für all die Gräuel, welche die deutschen Truppen, vor allem die SS, die Schutzstaffel Hitlers, der tschechischen Bevölkerung mit Tausenden von Toten angetan hatte.

Es traf uns Unschuldige.

Von all den grauenvollen Vorkommnissen möchte ich nur einige schildern:

Unseren Bäcker hat man frühmorgens vor dem Haus antreten lassen und ihn vor den Augen seiner fünf Kinder willkürlich erschossen.

Bei Müglitz stand ein Forsthaus, das wir bei unseren Wanderungen oft besucht hatten. Dort wohnte ein Forstmann, ein Deutscher. Auch er wurde erschossen, seine Leiche im Treppenhaus an die Wand genagelt, wie Christus ans Kreuz.

Ein Trupp junger deutscher Soldaten kam von der Ostfront zurück und musste sich bei den Behörden melden. Sie wurden zusammengepfercht, brutal gefoltert – ihre Schmerzensschreie drangen vom Stadtplatz bis zu unserem Haus. Dann erschoss man sie und warf sie auf einen Wagen. In der Nähe des Friedhofs grub man eine Grube aus und warf die Leichen hinein wie Vieh. Da hatten diese armen Kerle die Schrecken des Krieges überlebt, um nun so bestialisch umgebracht zu werden.

Viele Deutsche haben sich in dieser Zeit erhängt oder erschossen – aus Furcht vor den Tschechen und den Russen.

Der Krieg ist ein Ungeheuer und macht aus Menschen Bestien, überall und bei allen Völkern!

Dann kam der Befehl, wir übrig gebliebenen Deutschen müssten uns morgens um fünf Uhr auf dem Stadtplatz einfinden, mit einem Essgeschirr und Kleidung zum Wechseln. Wir hatten keine Ahnung, was geschehen würde, und schreckliche Angst.

Meine Schwester Gerti war zu einem Bauern zur Arbeit verschleppt worden, meiner Mutter gestattete man vorerst, zu Hause zu bleiben. So machte ich mich frühmorgens allein auf zum Stadtplatz. Es hatten sich ungefähr fünfzig Personen dort versammelt, allesamt mit der »Němec«-Kennzeichnung am Arm.

Man befahl uns, bewacht von bewaffneten Männern nach Hohenstadt zu laufen, welches etwa zwanzig Kilometer entfernt war. Wer es nicht schaffte, bei dem geforderten Tempo Schritt zu halten, wurde kaltblütig erschossen.

Dort angekommen, führte man uns in ein Haus, zwängte uns in einen großen Raum. Auf dem Boden sah ich feuchte und getrocknete Blutlachen, die Wände waren blutverschmiert. Ich war starr vor Entsetzen.

»Da haben wir gestern eine Menge Deutsche erschlagen!« Einer der tschechischen Bewacher grinste hämisch. »Morgen seid ihr dran!«, fügte er süffisant hinzu.

Wir mussten die ganze Nacht in dem Raum zubringen, zusammengepfercht, voller Todesangst. Viele konnten ihre Notdurft nicht mehr halten, es stank schrecklich. Schlimmer noch waren das Weinen und die verzweifelten Schreie der Menschen, die ich heute noch im Ohr habe.

Am nächsten Morgen wurde die Tür geöffnet, wir waren auf das Schlimmste gefasst, hofften, wir würden erschossen und nicht erschlagen werden. Man trieb uns mit Schlägen aus dem Haus, brachte uns unter Bewachung zum Bahnhof in Hohenstadt.

Dort angekommen, wurden wir in den offenen Kohlewaggon eines Zuges gedrängt, wussten nicht, was weiter mit uns geschehen würde.

Der Zug fuhr bis nach Janowitz in der Nähe Prags. Wir mussten aussteigen, geschubst, geschlagen von den bewaffneten Aufsehern. Auf einem Platz in der Stadt verbrachten wir unter freiem Himmel Tage und Nächte, voller Angst vor Schlägen und Vergewaltigung, hungrig und durstig.

Hier habe ich eine frühere Schulfreundin, Anni, getroffen. Das Mädchen war völlig verzweifelt und erzählte mir ihre Geschichte.

Ihr Vater, ein großer, stattlicher Mann, war mit einer gebürtigen Tschechin, Annis Mutter, verheiratet. Ihn hatten die Tschechen verhaftet. Er musste mit ihnen auf dem Rad in den nahe gelegenen Wald fahren, mit einem Spaten sein eigenes Grab schaufeln. Dann hat man ihn damit erschlagen und verscharrt. Das alles aus Rache, weil er eine Tschechin geheiratet und somit »geschändet« hatte. Anni wurde als Deutsche eingestuft und war somit im Lager gelandet.

Nach Tagen wurden wir Frauen in Janowitz in einen Saal gebracht, mussten uns in einer Reihe aufstellen. Dann kamen die Männer! Die Hände unter den Hosenträgern eingespreizt, bauten sie sich großkotzig vor uns auf.

»Ich nehme die!«

»Diese da nehm' ich!«

Sie bezahlten für jedes Mädchen fünfzig Kronen, wir wurden wie Sklavinnen auf dem Markt verkauft.

Anni und ich hatten Glück. Wir waren beide so klein, mickrig und unterernährt, dass uns keiner wollte. Was mit den anderen Mädchen geschah, die sie mitnahmen, weiß ich nicht. Bestenfalls waren sie billige Arbeitskräfte, vermutlich geschah ihnen Schlimmeres.

Wir beide wurden zum Arbeiten in ein Hotel gebracht. Dort mussten wir die minderwertigsten und härtesten Arbeiten erledigen, hatten jedoch immerhin genug und gut zu essen. Wir hausten in einem Verschlag neben dem Pferdestall, konnten uns dort in der Dunkelheit verstecken vor Männern, die nachts die Gegend absuchten.

In der Küche arbeitete die Witwe eines Professors, eine Tschechin. Sie beschützte uns mehr als einmal, wenn Russen kamen und nach Deutschen fahndeten. »Hier sind keine Deutschen«, herrschte die große, kräftige Frau die Männer an. So blieben wir unentdeckt.

Die Hotelbesitzerin war ein Miststück. Sie verlangte aus Schikane von uns, im strengsten Winter bei minus dreißig Grad, mit bloßen Händen und einem Pickel das Eis des gefrorenen Flusses aufzuhacken und Wasser in Eimer zu schöpfen, obwohl es im Haus fließendes Wasser gab. Wir mussten das eiskalte Wasser in eine Badewanne schütten, welches sie dann erwärmte und genüsslich darin badete.

Ich habe diese Frau gehasst!

Damals dachte ich, das alles nie vergessen zu können! Doch wenn es einem wieder gut geht, so wie heute, bleibt nur noch eine verblasste Erinnerung, und das ist gut so.

Als ich entlassen wurde und nach Hause durfte, gab es einen tränenreichen Abschied von Anni, meiner Gefährtin dieser schlimmen Zeit. Sie war schwer traumatisiert, nur ich konnte sie gelegentlich aufheitern. Ich weiß nicht, wie es ihr weiterhin erging, wir haben uns nie mehr wiedergesehen.

Zu Hause in Müglitz lebte meine Mutter zu dieser Zeit allein im Haus. Alle dort hatten unter den Russen und Tschechen zu leiden.

Eines Tages sah sie einen Trupp russischer betrunkener Soldaten die Straße entlangkommen. Sie gingen auf die Haustür zu, donnerten dagegen, riefen etwas auf Russisch. Als sie mit den Stiefeln gegen die Tür traten, sprang meine Mutter beherzt aus dem Küchenfenster und versteckte sich mit rasendem Herzklopfen draußen in einem Schuppen.

Die Russen torkelten weiter zu einem der Nachbarhäuser. Dort wohnte eine junge Frau, Krimhild. Sie war bildhübsch, hatte kurz vor Kriegsende ihren Verlobten Emil geheiratet, bevor dieser wieder an die Front musste.

Die Russen traten die Tür ein, was dann geschah, ist zu schrecklich. Sie schlugen und vergewaltigten Krimhild mehrere Stunden lang.

Am nächsten Tag kamen sie wieder.

Die junge Frau traute sich danach kaum mehr auf die Straße, ihr heiteres Wesen war verschwunden.

Jeder wusste, was geschehen war, doch man flüsterte nur hinter vorgehaltener Hand darüber. Es war ein Tabu, und jede Frau war froh, dass es nicht sie getroffen hatte, sie sich rechtzeitig verstecken konnte.

Bald darauf kam die Nachricht, dass Krimhilds Mann Emil gefallen war. Jahre später habe ich sie, die Arme war ebenfalls mit ihrer Mutter unter uns Vertriebenen, ausfindig gemacht und besucht. Sie erkannte mich nicht mehr, konnte oder wollte sich an nichts mehr erinnern.

Ihre Mutter erzählte mir traurig, dass sich Krimhild nie mehr von den damaligen Geschehnissen erholt hätte, gänzlich lebensuntüchtig und depressiv wäre.

Was für ein schlimmes Schicksal!

1946, im Alter von zwanzig Jahren, kam ich zurück nach Müglitz und war wieder mit meiner Familie, mit meiner Mutter, meinem Bruder und meiner Schwester, vereint.

Endlich kehrte auch mein Vater aus Russland zurück! Was für eine Freude! Wir hatten lange nichts von ihm gehört, wussten nicht, ob er noch lebte.

Er wog nur noch achtundvierzig Kilogramm, war bis auf die Knochen abgemagert und geschwächt, doch er lebte!

Sogleich musste er sich bei der Gemeinde melden, doch von dort kam er nicht mehr zurück. Man hat ihn sofort festgenommen und nach Brünn in ein berüchtigtes Lager verschleppt. Wir waren verzweifelt. Wie könnte er in seinem Zustand dieses Lager überleben?

Doch er hatte Glück im Unglück. Als Schreiner konnte man ihn gut gebrauchen, und so wurde er besser versorgt als viele, die die Lagerhaft nicht überlebten.

Wir blieben in Müglitz, hofften auf die Rückkehr meines Vaters und auch darauf, dass wir dort, unter den Tschechen, wenn auch als Minderheit, einigermaßen gut leben könnten.

Müglitz blieb trotz allem unsere Heimat!

Doch im Juli 1947 war es dann auch für uns vorbei.

Ich war zur Zwangsarbeit in Cholin eingeteilt, arbeitete als Putzfrau in einem Hotel, als mir von der Gemeinde mitgeteilt wurde, dass wir ausgesiedelt werden würden.

So fuhr ich nach Hause, auch mein Vater kam aus dem Lager in Brünn, und wir konnten uns gemeinsam für die Aussiedlung bereit machen. Was für ein Glück!

Am Tag vor dem Ereignis wurde uns gesagt, wann und wo wir uns zum Abtransport einfinden müssten. Pro Person waren dreißig Kilogramm Gepäck erlaubt. Da musste gut überlegt und gepackt werden. Alles Geld und alle Wertsachen wie Schmuck, soweit wir noch welchen besaßen und er uns nicht schon vorher abgenommen worden war, mussten abgeliefert werden.

Erst ging es zu Fuß in ein Lager bei Müglitz, dort wurden wir in einen Viehwaggon verladen.

Es hieß spöttisch: »Jetzt kommt ihr heim in euer Deutschland!«, doch wir wussten nicht, wohin es gehen würde.

Ich sah viele ältere Menschen, die bitterlich weinten. Sie waren hier geboren, ihre Familien hatten seit mehreren Generationen hier gelebt, nun mussten sie in die Fremde, alles Hab und Gut, alle Freunde zurücklassen.

Wir Jungen waren eher froh, dass wir rauskamen! Auch wenn wir nicht wussten, wohin die Reise ging, waren wir trotz aller Unsicherheit neugierig auf das, was kommen würde. In der Fremde konnte es nur besser sein als hier, wo wir verhasst und angefeindet waren!

Nach tagelanger Fahrt, beengt und kaum versorgt, hielt endlich der Zug, und wir wurden ausgeladen.

»Wo sind wir?«, fragten wir aufgeregt.

»Ihr seid in Kronach, in Oberfranken«, wurde uns geantwortet.

»Wo ist das? Ist das russische Zone?«, fragten wir ängstlich.

»Nein, das ist amerikanisches Gebiet!«

Wir fielen uns buchstäblich um den Hals. Wir waren gerettet! Das Schlimmste, und davor hatten wir uns gefürchtet, wäre gewesen, in der russischen Zone zu landen.

Wir kamen in eine Sammelstelle, wurden registriert, konnten uns waschen, wurden desinfiziert und entlaust. Dann händigte man uns einen Leiterwagen aus, auf dem wir unser weniges Hab und Gut zu dem uns zugewiesenen Wohnort in Au bei Kronach bringen konnten. Dort wurden wir in das Haus einer Frau mit zwei Kindern einquartiert, deren Mann vermisst war. Sie hatte zwei ihrer Zimmer freiräumen müssen, damit wir fünf einziehen konnten. Man kann sich denken, dass die Bevölkerung nicht begeistert war, als nach den vielen Flüchtlingen von 1945 jetzt noch eine Menge Vertriebener dazukam. Es war Nachkriegszeit, und die Lebensbedingungen blieben auch für die ansässige Bevölkerung schlecht. Doch die Frau erwies sich als sehr nett und verständig, vor allem, als mein Vater als Schreiner ihr bei manchen Reparaturen im Haus half.

Ihren Sohn Konrad bat sie immer wieder, Gerti und mich zum Tanz ins Dorf mitzunehmen. »Die Mädels brauchen doch auch etwas Schönes!«, meinte sie dann oft.

Konrad nahm uns gelegentlich mit, wenn auch etwas widerwillig. Zum einen waren Flüchtlingsmädchen nicht gerade gern gesehen, zum anderen hatte er eine Freundin, die nicht begeistert war, wenn ihr Freund mit zwei Mädchen auftauchte.

Noch heute bewundere ich diese Menschen der Nachkriegszeit, die so großzügig waren, uns, die wir alles verloren hatten, ein Dach über dem Kopf und manches Mal sogar Gastfreundschaft anzubieten.

Man kann kaum ermessen, wie froh wir waren, trotz aller Beengtheit endlich in Ruhe und Frieden zu leben, keine Angst mehr vor Verfolgung und Vergewaltigung haben zu müssen.

Wir haben sogleich versucht, Arbeit zu finden, meldeten uns bei den zuständigen Ämtern.

Im Feuerwehrhaus von Au wurde für meinen Vater ein Raum frei gemacht, so konnte er eine Hobelbank aufstellen und mit den geringen Mitteln, die

Ich mit 16 Jahren.

ihm zur Verfügung standen, eine kleine Schreinerei betreiben. Mein Bruder half ihm dabei und erlernte so das Schreinerhandwerk.

Gerti und ich haben bei Loewe-Opta Arbeit gefunden. Der Stundenlohn betrug 20 Pfennig, doch wir waren froh, Arbeit zu haben. Meine Mutter nähte, wie früher, und verdiente so zum Haushalt etwas dazu.

Nach zwei Jahren in Au sind wir nach Zapfendorf in der Nähe von Bamberg umgezogen. Mein Vater ergatterte dort eine Wohnung und eine kleine Werkstatt unterhalten.

Mich hielt es nicht länger bei Loewe Opta, ich fand in Bamberg eine Anstellung als Verkäuferin in einem Modegeschäft. Ich war glücklich und darüber hinaus verliebt, denn bei Loewe Opta hatte ich meinen späteren Mann Walter kennengelernt. Er wurde das Glück meines Lebens!

Mein zukünftiger Mann war ebenfalls Vertriebener aus dem Sudetenland. Vom Gymnasium weg war er als erst Sechzehnjähriger als Flakhelfer eingesetzt worden und kam in russische Gefangenschaft.

Man schätzt heute, dass sechzig- bis siebzigtausend Jungen im Alter von sechzehn bis siebzehn Jahren, die in den letzten Kriegsmonaten noch eingezogen worden waren, im Krieg umkamen.

Walter gelang unter dramatischen und abenteuerlichen Umständen die Flucht aus dem russischen Lager, doch das ist eine andere Geschichte.

Nun versuchte er, wieder Fuß zu fassen. Er nahm jede Arbeit an, um sich über Wasser zu halten.

Es verschlug ihn auf Umwegen nach Kronach, wo er bei der Firma Loewe Opta eine Ausbildung zum Feinmechaniker machte. Dort lernte ich ihn kennen, und wir verliebten uns ineinander. Doch an Heirat war vorerst nicht zu denken, wir besaßen ja beide nichts. Zu seiner und meiner großen Freude fand er auch seine Eltern wieder, ebenfalls in der Nähe von Kronach.

Es ist bewundernswert und erstaunlich, wie die Familienzusammenführung des Suchdienstes des Roten Kreuzes damals funktionierte – und das alles ohne Computer!

1949 schrieb sich Walter in München an der Technischen Hochschule ein und studierte Feinmechanik und Optik. Ohne Abitur, was ihm durch die Einberufung noch zu Schulzeiten verwehrt gewesen war, konnte er dennoch studieren, da er ja bereits eine Ausbildung absolviert hatte. Danach fand er eine Anstellung bei Siemens in Erlangen.

Wir waren bereits sechs Jahre verlobt, bis er endlich eine kleine Wohnung fand. In der Nachkriegszeit herrschte große Wohnungsnot durch die Bombardierungen im Krieg, auch sollten ja die vielen Flüchtlinge und Vertriebenen untergebracht werden.

Damit wir zusammenziehen konnten, mussten wir verheiratet sein. Ohne Heirat keine Wohnung! So streng war das damals. Heute ist dies kaum mehr vorstellbar, wo die jungen Leute ohne Trauschein zusammenleben, um erst zu prüfen, ob man denn wirklich zusammenpasst.

»Ein Jahr lang muss ich noch sparen, Hilde, bis ich die Eheringe und einen Hochzeitsanzug kaufen kann«, meinte Walter optimistisch.

Endlich war es so weit! Wir heirateten, und ich zog zu ihm in die kleine Wohnung in Erlangen.

Es war eine miese Behausung, Schimmel an der Wand, verfaulter Fußboden, gar nicht zu reden von den maroden sanitären Anlagen. Trotzdem begann für mich eine wunderschöne Zeit. Zwar hatten wir nichts außer uns, doch wir waren verliebt und glücklich. Wir wanderten viel, gingen mit Freunden zum Tanzen, eine glückliche Zukunft lag vor uns, trotz unserer materiellen Bedürftigkeit. Denn Glück und Zufriedenheit hängen nicht von Reichtum ab, das habe ich damals gelernt.

Mit der Geburt unserer Töchter Petra und Birgit war unser gemeinsames Glück perfekt. Wir hatten es geschafft!

Vor vielen Jahren fuhren mein Mann, meine Schwester Gerti und ich mit meiner Mutter in die alte Heimat nach Müglitz. Mutter war damals fünfundsiebzig Jahre alt, Vater bereits verstorben.

Vieles hatte sich dort verändert, das kleine Städtchen war nicht mehr so schmuck und gepflegt wie früher, nicht so, wie wir es in Erinnerung hatten.

Als wir vor unserem früheren Haus standen, in dem heute eine tschechische Familie lebt, nahm meine Mutter meinen Arm, drückte ihn und meinte entsetzt: »Hilde, sag Walter ja nicht, dass das unser Haus gewesen ist! Man muss sich schämen, wie heruntergekommen das aussieht!«

Eine Schwester meiner Mutter war seinerzeit in der Tschechei geblieben, sie war mit einem Tschechen verheiratet. Ihr statteten wir bei der Gelegenheit einen Besuch ab. Nach vielen Jahren konnten sich die Schwestern wieder in die Arme schließen.

Mein Cousin, der Sohn meiner Tante, warnte uns: »Passt auf, ihr werdet auf eurer ganzen Reise durch die Tschechoslowakei beschattet. Die Tschechen haben heute noch Angst vor den Deutschen und hassen sie!«

Ich frage mich, wann diese Feindschaften, die der Krieg verursacht hat, endlich einmal überwunden sein werden.

Heute bin ich dreiundneunzig Jahre alt und gottlob bei guter Gesundheit, meinem Alter entsprechend. Mein Mann Walter ist vor drei Jahren verstorben, wir waren neunundsechzig Jahre zusammen, davon dreiundsechzig Jahre lang verheiratet.

Sein Bild steht auf einem kleinen Tischchen im Wohnzimmer, ich rede täglich mit ihm und danke ihm für das schöne Leben, das er mir geschenkt hat.

Die Menschen dieser Zeit, von der ich berichtete, hatten durch Krieg, Flucht und Vertreibung unmenschliches Leid auszuhalten und zu ertragen.

Sie wurden verschleppt, ausgebeutet, verachtet, wurden behandelt wie Dreck, wie Vieh, lebten in ständiger Angst und Verzweiflung.

Viele von ihnen haben diese Zeit nicht überlebt oder waren für immer körperlich oder seelisch verwundet.

Flucht und Vertreibung war vor allem für die älteren Menschen schwer. Alles, was sie geschafft hatten, was ihr Leben bedeutete, mussten sie zurücklassen.

Meine Mutter hatte oft und bis an ihr Lebensende Heimweh nach der alten Heimat, den Geschwistern, Verwandten und Freunden.

Uns jungen Menschen wurde die unbeschwerte Jugend gestohlen. Doch wenn man jung ist, hat man Kraft, und wir bekamen die Chance, unsere Zukunft neu zu gestalten. Das lässt vieles vergessen, wenn auch nicht vergeben.

Ich habe von Friedrich von Schiller einen Leitspruch im Leben, der mich durch all die Zeiten getragen und der mir oft geholfen hat: »Was man nicht aufgibt, hat man nie verloren!«

Ilse – Eine geraubte Jugend

Meine ursprüngliche Heimat ist Böhmen-Mähren. Ich wurde dort, in Troppau, in der heutigen tschechischen Republik geboren. Meine Großeltern und die Verwandten sowohl meiner Mutter als auch meines Vaters lebten dort, wie schon ihre Vorfahren.

Meine Eltern zogen nach meiner Geburt in den kleinen Ort Strebowitz an der Bahnstrecke Troppau-Schönbrunn-Wien. Dort hatte mein Vati eine Anstellung als Gutsverwalter und Direktor der Spiritusfabrik angenommen.

Eigentlich kann ich auf eine wunderschöne, unbeschwerte Kindheit mit meinen Eltern und Geschwistern zurückblicken.

Das Gebiet Böhmen-Mähren gehörte bis zum Ende des Ersten Weltkrieges zum Vielvölkergemisch der österreichisch-ungarischen Donaumonarchie. Deutsches Handwerk und deutsche Kultur prägten seit Jahrhunderten das Land, was man heute noch an vielen wunderschönen Bauwerken sehen kann. Wir waren stolz auf unsere Heimat.

Nach dem verlorenen Ersten Weltkrieg wurde das Gebiet tschechisch, doch die etwa 3,2 Millionen Deutschen blieben überwiegend dort wohnen. Es blieb ihre angestammte Heimat, auch wenn sie im neuen Staat nun eine Minderheit waren.

So kam es zu dem Kuriosum, dass diese Menschen erst Österreicher, dann Tschechen, darauf Deutsche und später, für kurze Zeit, staatenlos wurden.

Es gab viele überwiegend deutsch besiedelt Orte. Strebowitz war ein eher tschechischer Ort, und meine besten Freunde aus Kindheitstagen, Eva und Milan, waren Tschechen. Tschechen und Deutsche kamen damals, so habe ich es in kindlicher Erinnerung, meist gut miteinander aus.

Zunächst besuchte ich die tschechische Schule, nachmittags nahm Mutti mit mir den Stoff auf Deutsch durch. So lernte ich beide Sprachen, was mir später einmal sehr zugutekommen sollte.

Bis etwa 1937/38 lebten Deutsche und Tschechen in relativer Eintracht, doch das änderte sich, als sich mehr und mehr der jeweilige Nationalismus ausbreitete. Bereits 1935 wurde, als Gegenspieler zur tschechoslowakischen Regierungspartei, die »Sudetendeutsche Partei« gegründet – für die Tschechen eine Provokation! Das Zusammenleben gestaltete sich merklich schlechter. So wurde zum Beispiel eines Nachts ein nahezu faustgroßer Stein in unser Schlafzimmer geworfen, der unmittelbar neben dem Bett meines damals zweijährigen Bruders Jürgel landete.

Nicht zuletzt, weil meine vier Jahre ältere Schwester Traudl in die höhere Schule kam, besuchten wir beide ab dem Schuljahr 1938 eine deutsche Schule in Troppau.

Da dies einen weiten Schulweg bedeutete, wollte meine Mutter, dass wir bei Tante Grete, ihrer verwitweter Schwester, wohnen sollten. Doch wir fuhren lieber täglich die Strecke mit dem Zug nach Troppau, wollten daheim wohnen bleiben. Wir liebten unser Zuhause.

Im Oktober 1938 veränderte sich die politische Lage grundlegend: Der deutsche Reichskanzler Adolf Hitler hatte mit dem »Münchner Abkommen« erreicht, dass unser Gebiet Böhmen-Mähren an das Deutsche Reich angegliedert wurde. Etwa 80 Prozent der Sudetendeutschen wünschten sich den Anschluss an Deutschland nach österreichischem Vorbild. »Heim ins Reich« lautete die Parole.

Nun hatten nicht mehr die Tschechen, sondern wir Sudetendeutschen das Sagen. Das barg für viele Tschechen Nachteile, wir Deutsche wurden absolut bevorzugt. Es hätte möglich sein müssen, die tschechische Minderheit anzuerkennen, aber es gibt halt überall Verbohrte, und ich muss gestehen, dass wir auch stolz auf unser »Deutschtum« waren. Ich erinnere mich daran, dass zum Beispiel der Vater eines meiner tschechischen Freunde aus leitender Stellung gekündigt wurde und ein Sudetendeutscher den Platz besetzte.

Im März 1939 kamen dann auch die vorher noch als Tschechien verbliebenen Landesteile als sogenanntes »Protektorat Böhmen und Mähren« in deutsche Verwaltung. Somit galten nun die Tschechen in ihrem eigenen Land als eine unterdrückte Minderheit.

Dass dies bei den Tschechen eine gehörige Wut auslöste, kann man sich denken.

1940, ich war damals neun Jahre alt, zog meine Familie nach Partschendorf um, einem seit jeher deutschen Ort im sogenannten »Kuhländchen«. Es lebten dort zwar auch Tschechen, aber das Deutsche war vorherrschend. Vati hatte dort eine wesentlich bessere Stellung als Fabrik- und Gutsdirektor angenommen.

Wir hatten im dortigen Gutshaus, einem Schloss, das in einem herrlichen Park lag, eine große Wohnung bezogen und führten ein sehr schönes Leben. Dass dieses Gut einem Juden enteignet worden war, erfuhr ich erst viel später.

Ein Jahr vor unserem Umzug nach Partschendorf, im September 1939, hatte der Zweite Weltkrieg begonnen.

Anfangs bemerkten wir nicht allzu viel davon. Als aber immer mehr Verwandte und Freunde fielen, die als Soldaten eingezogen worden waren, wurden uns allmählich die Härte und der Schrecken des Krieges bewusst. Man hatte immer nur von erfolgreichen Feldzügen und dem glorreichen »Endsieg« gehört, der Deutschland zur Weltmacht führen würde.

1942 musste auch unser Vati einrücken. Er wurde aufgrund seiner Sprachkenntnisse zuerst als Dolmetscher für slawische Sprachen in Berlin eingesetzt, kam danach in das von den Deutschen besetzte Holland, und schließlich wurde er an die Ostfront beordert.

Im selben Jahr wurde mein Brüderchen Klaus geboren, der seinen Vater, wie so viele Kinder damals, nur bei gelegentlichen kurzen Heimaturlauben sah.

Bald zog meine Tante Trude, die drei Jahre jüngere Schwester meiner Mutter, mit ihrem Sohn Wilfried bei uns ein. Sie hatte Berlin aufgrund der vielen Bombenangriffe verlassen müssen. Meiner Mutter war es gerade recht bei der vielen Arbeit mit ihren vier Kindern, obwohl wir Bedienstete hatten, die im Haushalt halfen.

Mehrere Kinder aus Partschendorf und vom Gutshof besuchten Schulen in Neutitschein, meine Schwester Traudl und ich die dortige Mädchenoberschule.

Der Weg nach Neutitschein war vor allem im Winter beschwerlich, zumal die Busverbindung oft nicht funktionierte. Unser Weg ging übers freie Feld, und an vielen Tagen gab es Schneeverwehungen. Wenn wir Glück hatten, wurde vom Gut ein Kastenwagen gestellt, mit dem wir zumindest einen Teil der Strecke fahren konnten, doch oft kamen wir

Meine Familie im Schlossgarten.

erst spät, durchnässt und halb erfroren von der Schule nach Hause. Dennoch habe ich noch viele lustige Erinnerungen an diese Schulwege. Wir waren mehrere Kinder und hatten unseren Spaß bei Schneeballschlachten oder anderen Rangeleien.

Kritisch wurde es erst, als die Tieffliegerangriffe kamen. Nah bei Partschendorf lagen die großen Wittkowitzer Eisenwerke und die Ostrauer und Karviner Kohlegruben, ein begehrtes Bombenziel.

Meist waren es russische Bomber, gelegentlich auch deutsche Abwehr. Wenn wir die Flieger aus der Ferne hörten, warfen wir uns in den Straßengraben, warteten voller Angst, bis sie abgedreht hatten und der Angriff vorbei war. Zum Glück ist keinem von uns je etwas passiert.

Trotz dieser Gefahren ging unser Schulunterricht bis 1945 weiter, meist mit Lehrerinnen, denn die Männer waren fast ausnahmslos im Kriegsdienst, außer den wenigen, die zu alt oder kriegsversehrt aus dem Ersten Weltkrieg nach Hause gekommen waren.

Mit zunehmender Kriegsdauer wurden die Luftangriffe häufiger und bedrohlicher. Es verging keine Woche ohne Fliegeralarm, und wenn man den Luftschutzkeller unter dem Stadtplatz nicht mehr erreichen konnte, musste man in selbst geschaufelten Splittergräben Schutz suchen. Noch heute habe ich das durchdringende Geheul der Sirenen im Ohr.

Ab Januar 1945 kam die Ostfront bedrohlich näher, doch immer noch wurden die Parolen vom Endsieg ausgegeben.

Erste Flüchtlingsströme aus dem Osten erreichten uns nun. Die armen Menschen lagerten zu einer Rast auch auf dem Gelände des Gutshofes und wurden versorgt, so gut es eben ging, bevor sie nach Westen weiterzogen. Man hörte die ersten Berichte über Gräueltaten und Vergewaltigungen der vordringenden Russen.

Bei uns dachte noch niemand an Flucht, man konnte sich nicht vorstellen, dass der Krieg verloren gehen würde, und erst recht nicht daran, von zu Hause wegzugehen. Viele in Partschendorf waren Großbauern und wollten ihren stattlichen Besitz verständlicherweise nicht ohne Not hinter sich lassen. Außerdem glaubte man immer noch an den versprochenen »Endsieg«.

Doch am 1. Mai 1945 kam vom Ortsgruppenleiter der Aufruf, sich am frühen Abend am Gemeindegasthaus mit möglichst vielen Gespannen zum gemeinsamen Aufbruch Richtung Nordwesten einzufinden. Man vermutete, dass sich hinter der früheren Grenze zum Deutschen Reich bereits die amerikanische Armee befand, deren Schutz man suchte, auch wenn es ebenfalls der Feind war. Genaueres wusste man nicht, die Nachrichtenlage war spärlich, doch den Russen wollte man keinesfalls in die Hände fallen, lieber noch den Amerikanern.

Vom Gut wurden zwei große Planwagen mit Gespannen und Kutschern für den Treck gestellt, worauf wir unsere wichtigsten Sachen geladen hatten. Fast alles mussten wir zurücklassen. Die Bauern des Ortes konnten nicht viele Pferde beisteuern, denn die meisten Rösser waren für die Wehrmacht eingezogen worden, deshalb kamen einige Ochsengespanne dazu. Auf die Wagen verluden wir sämtliches Gepäck, dann wurden die Lenker für die Ochsengespanne eingeteilt.

Tante Trude war unter ihnen, doch nicht allzu lange. Sie wurde der Tiere nicht Herr, und die Ochsen führten eher Tante Trude als umgekehrt.

Wir hatten Fahrräder mit, und Wilfried und ich fuhren anfangs mit den Rädern nebenher. Mutti durfte mit dem kleinen Klaus und Jürgel zusammen mit der Frau des Gärtners und deren kleinen Kindern im Wagen fahren. Wir Kinder fanden das alles anfangs recht abenteuerlich, doch diese Lust würde uns bald vergehen.

Es war vorgesehen, nur nachts unterwegs zu sein und sich tagsüber im Wald oder in Scheunen zu verstecken, um den Tieffliegern kein Ziel zu bieten. Doch da wegen des Verdunklungsgebotes nachts kein Licht zu sehen und zudem Neumond war, mussten wir tagsüber fahren.

Am Straßenrand sahen wir viele Leichen, Menschen, die den Tieffliegern nicht entkommen oder erschossen worden waren. An den Bäumen baumelten immer wieder gehenkte deutsche Soldaten, die desertiert und von der deutschen Wehrmacht liquidiert worden waren. Das waren grausige Anblicke, vor allem für uns Jüngere.

»Schaut nicht hin, Kinder«, bat unsere Mutti, doch es war unmöglich, all das zu übersehen. Es waren die ersten Toten, die ich sah; und noch viele sollten.

Abends suchte der Treck meist einen Ruheplatz in den Orten, oft auch in Scheunen, doch bei den Tschechen waren wir nicht willkommen. Mit Schadenfreude sahen sie uns entgegen: »Ihr wolltet doch immer ›heim ins Reich‹!«, riefen sie spöttisch. »Jetzt ist es so weit, jetzt haut ab!« Dann jagten sie uns fort. Selten bekamen wir einen Rastplatz für die Nacht, meist mussten wir weiterziehen.

Überall, wohin wir kamen, hatte die deutsche Wehrmacht die Orte bereits verlassen, ein Zeichen dafür, dass wir viel zu spät geflüchtet waren.

Dann erfuhren wir, dass Deutschland am 8. Mai 1945 kapituliert hatte. Das war ein riesiger Schock für die Erwachsenen in unserem Treck. Sie hatten gehofft, die Flucht wäre nur vorübergehend und wir würden nach dem verheißenen Endsieg, nach Hause zurückkehren.

Für meine Mutter war der Schock noch heftiger, als Tante Trude eine Pistole hervorholte und sagte, Vati hätte ihr diese bei seinem letzten Aufenthalt zu Hause mit dem Auftrag gegeben, uns alle zu erschießen, falls der Krieg verloren ginge. »Besser, ihr seid tot, als dass ihr den Russen in die Hände fallt!«, wären seine Worte gewesen.

»Ich kann es nicht, ich kann es nicht!« weinte sie dann jedoch. »Die Kinder!« Sie sah zu uns, die wir im Planwagen schliefen. »Mach du es!« Sie gab die Pistole meiner Mutter.

Die schüttelte heftig den Kopf, ging zum nahegelegenen Bach und warf die Waffe hinein. »Wir werden es schon irgendwie schaffen, zu überleben!«, sagte sie.

Bald machten wir erste Bekanntschaft mit den Russen. »Uri, Uri!« Sie deuteten dann oft auf ihr Handgelenk, dann nahmen sie den Erwachsenen die Uhren und uns Kindern die Räder weg.

Danach kamen die tschechischen Milizen. Als Erstes verhafteten sie den Kutscher, doch immerhin ließen sie uns die Pferde. »Zurück, zurück!«, befahlen sie und verweigerten uns die weitere Flucht. Erst verstanden wir nicht, weshalb sie hätten doch froh sein können, wenn wir Deutschen endlich weg wären. Doch später wurde uns klar: Sie nutzten uns zur Zwangsarbeit!

Doch wer sollte den Wagen führen, nachdem der Kutscher fort war? Meine Schwester Traudl vielleicht, sie war auf dem Gut oft mit der Kutsche gefahren? Doch sie wurde von Mutti im Wagen unter Decken versteckt. Wir wussten, dass es die Russen vor allem auf junge Frauen abgesehen hatten.

Also musste ich mich auf den Kutschbock setzen. Ich hatte früher schon gelegentlich einmal Pferde in die Schwemme geritten und mich während der Flucht oft mit dem alten Kutscher über das Lenken und Leiten des Wagens unterhalten.

»Du kannst das, Ilse«, redete mir Mutti gut zu. »Wir müssen hinauf zum ›Berggeist‹, aber möglichst durch den Wald, auf der Straße sind die Russen!«

Der »Berggeist« war ein Rasthaus auf der Passhöhe im Altvatergebirge. Also versuchten wir unser Glück auf unwegsamen Waldpfaden.

Es ist mir heute noch ein Rätsel, wie ich als Vierzehnjährige es schaffte, den Pass hinaufzukommen, ohne dass sich die Pferde verletzten oder der Wagen umkippte. Es wurde eine gefährliche und anstrengende Fahrt, und ich war total erschöpft, als wir auf dem Pass ankamen.

Dort oben erwarteten uns zu unserem Entsetzen die Russen und nahmen vom Wagen, was sie brauchen konnten, bevor sie uns den Befehl zur Weiterfahrt gaben.

Wir wurden zusammen mit anderen Wagen nach Groß Ullersdorf, einem Kurort am Fuße des Altvatergebirges, geleitet. Hier lagerten wir zwei Wochen im Hof des dortigen Schlosses, denn es musste erst entschieden werden, was weiter mit uns geschehen sollte. Wir waren völlig abhängig vom Willen der Russen und Tschechen.

Für die Erwachsenen war es eine schreckliche Zeit der Ungewissheit und Angst, doch wir Kinder und Jugendlichen genossen in gewisser Art die Freiheit und spielten im Park, so, wie Kinder eben sind.

Endlich wurde entschieden, wir müssten zurück nach Partschendorf, zu unserem Ausgangsort. Sollte unsere Irrfahrt ein Ende haben?

Glücklicherweise hatte man unseren Kutscher freigelassen, sodass mir die schwierige Arbeit des Pferdelenkens abgenommen wurde. Was war ich froh, denn meine Hände waren blutig aufgerissen vom Halten der Zügel.

Die Rückfahrt war der reinste Horror. Immer wieder hielten uns Russen oder Tschechen an, und nach und nach wurde uns weggenommen, was nicht niet- und nagelfest war.

Kurz vor Partschendorf besaßen wir nur noch das, was wir am Leibe trugen.

Endlich kamen wir im Partschendorfer Schlosspark an. Zu unserem Entsetzen wurde unser alter Kutscher, kaum dass wir das Gelände erreicht hatten, aus dem Hinterhalt erschossen. Ich konnte es nicht fassen, weinte bitterlich. Er war mir in den Wochen unserer Flucht zu einem väterlichen Freund geworden.

Wer ihn erschossen hat? Wir erfuhren es nie. Mutti vermutete, dass es ein tschechischer Angestellter des Gutes war, der mit dem Kutscher Streit gehabt hatte. Die Russen oder die tschechische Miliz hätten den Mann nicht aus dem Hinterhalt, sondern öffentlich an die Wand gestellt und erschossen wie so viele.

Wir durften kurz in unsere Wohnung im Schloss. Alles war verwüstet. Die schönen Möbel zertrümmert, das Geschirr zerschlagen, auch im Schloss selbst das gleiche Chaos. Überall, auch in den landwirtschaftlichen Gebäuden, sinnlose Zerstörung. Sogar das Storchenpaar, das uns mit seinem Klappern immer so viel Freude bereitet hatte, war vom Dach heruntergeschossen worden und lag blutig und tot im Hof.

Wir fanden noch etwas Wäsche und Kleidung, und Mutti beschloss, weiter nach Troppau zu unseren Verwandten zu fahren, an ein Verbleiben in Partschendorf war nicht zu denken. Doch vorerst wollten wir die Nacht im Oberdorf bei einer Freundin meiner Mutter verbringen. Die war zwar alles andere als begeistert, als sie uns kommen sah, gab uns aber doch Obdach für eine Nacht.

Sie hatte ihren Hof vorsorglich einem tschechischen Verwalter übergeben, doch es hat ihr nichts genutzt. Er riss sich alles unter den Nagel, und im nächsten Jahr musste auch sie mit ihrer Familie ihren Hof und Partschendorf verlassen.

Jahre später haben wir sie im Westen wiedergetroffen. Sie war so mittellos wie wir.

Am nächsten Morgen machten wir uns zu Fuß die acht Kilometer zur nächsten Bahnstation auf und erreichten tatsächlich einen Zug nach Troppau, um zu Tante Martha, Muttis ältester Schwester, zu fahren. Unsere vermeintliche Rettung!

Am Bahnhof in Troppau angekommen, empfing uns tschechische Miliz und brachte uns zur Polizeiwache. Wir wurden registriert, dann wurden meine kleinen Brüder Klaus und Jürgel weggebracht. Meine Mutti weinte und flehte die Männer an, ihr die Kleinen zu lassen, doch es half alles nichts. Man sagte uns, die Buben würden ins Marianum, ein Waisenhaus in Troppau, gebracht werden. Sie war verzweifelt, weinte nur noch. Dann wurden wir – Mutti, meine Schwester und ich – in ein für uns Deutsche eingerichtetes Arbeitslager in einer ehemaligen Kaserne gebracht.

Jeden Morgen und Abend mussten wir zum Appell antreten. Morgens wurden wir zur Arbeit eingeteilt, abends gab es oft willkürliche Bestrafungen, Schläge, die wir einstecken oder mit ansehen mussten. Zudem mussten wir ein schwarzes »N« auf weißem Grund tragen für »Němec«, »Deutscher«.

»Das habt ihr mit den Juden genauso gemacht«, wurde uns gehässig gesagt. Sie hatten recht, die Juden mussten bei den Nazis den gelben Judenstern tragen. Jetzt waren wir dran.

Eines Abends wurde Traudl ausgesucht, um künftig bei einem Bauern zu arbeiten. Da meldete sich auch Mutti mit mir zusammen, sie wollte Traudl auf keinen Fall allein lassen.

Einer der Milizen war ein ehemaliger Arbeiter des Gutshofes in Strebowitz, er erkannte meine Mutter und meinte: »To je milost paní, ona nemůže pracovat«, was hieß: »Das ist eine gnädige Frau, die kann nicht arbeiten.« Doch schließlich wurden wir alle drei genommen und mussten am nächsten Tag mit dem Bauern, der bequem auf dem Wagen fuhr, zu Fuß viele Kilometer nach Hluboschetz gehen, zu unserem Einsatzort.

Die Arbeit kam uns hart vor, uns wurde nichts geschenkt, und das Essen fiel karg aus, obwohl auf dem Hof alles vorhanden war. Der Bauer hasste uns Deutsche, das ließ er uns mit jedem Wort spüren. Er dachte, wir könnten kein Tschechisch, doch wir verstanden alle seine Beschimpfungen und Schmähungen.

Ich musste im Ziegenstall arbeiten, melken und ausmisten. Seither kann ich den Geruch von Ziegen nicht mehr ertragen. Zudem stand im Stall ein rabiater, stinkender Bock, vor dem ich mich sehr fürchtete.

Nach der Heuernte schaffte Mutti es, dass wir wieder zurück ins Lager kamen. Auch die Buben, Klaus und Jürgel, durften wieder zu uns. Sie waren völlig verstört und verängstigt.

Von nun an arbeiteten wir im Krankenhaus und in einer Nervenheilanstalt. Für jede Drecksarbeit waren wir gut genug.

Eines Abends, als wir erschöpft ins Lager zurückkamen, stand dort Tante Martha. Sie hatte mit den Kindern und der Schwiegermutter binnen einer Viertelstunde ihr Haus verlassen müssen, rein gar nichts mitnehmen können. Nur einen Laib Brot hatte sie in der Eile unter ihrem Mantel versteckt und teilte ihn mit uns, sodass wir einmal nicht hungrig auf unseren Strohsack fielen.

Am nächsten Abend, als wir vom Arbeitseinsatz zurückkamen, waren sie weg, in Viehwaggons geladen und Richtung Deutschland abgeschoben. Erst viel später erfuhren wir, dass sie eine Odyssee durchmachen mussten, niemand wollte sie aufnehmen. Letztendlich blieben sie in der russischen Besatzungszone hängen, in Thüringen, der späteren DDR.

Inzwischen hatten sich die Besatzungsmächte Deutschlands – Amerika, Frankreich und England – eingeschaltet, die mitbekommen hatten, wie fürchterlich die deutschen Flüchtlinge und Vertriebenen in der Tschechoslowakei behandelt wurden. Es wurde zwischen den Besatzungsmächten und der tschechischen Regierung ein »humanes und geregeltes Aussiedlungsabkommen« verhandelt. Sofort meldeten sich Mutti und Tante Trude zur freiwilligen Ausreise, wir hatten schließlich nichts mehr zu verlieren.

Bis ein geregelter Transport möglich war, durften wir in das leere Haus von Tante Martha in Troppau ziehen. Dieses war durch Bomben schwer beschädigt, aber wir fanden noch einige bewohnbare Zimmer. Es gab Strom, und die Heizung funktionierte leidlich. Doch immerhin hatten wir ein Dach über dem Kopf.

Die drei Erwachsenen, Mutti, Tante Trude und meine Schwester Traudl, wurden zu Zwangsarbeit verpflichtet, ich betreute und bekochte die drei kleinen Buben. Das war schwierig genug, denn wir besaßen kaum Lebensmittel. Auf dem Markt einzukaufen, war den Deutschen verboten, ebenso durften wir nicht den Bürgersteig benutzen. Ich tat es doch, auch wenn es riskant war, und nahm dazu mir und den Buben das Němec-Abzeichen ab.

Jetzt kam mir zugute, dass ich Tschechisch sprach. Immer wieder fanden sich Marktfrauen, die Mitleid mit uns hatten und uns etwas zu essen gaben. Jürgel band ich ein Kopftuch um, so wurde er für ein kleines Mädchen gehalten, und das half zusätzlich. Zwar gefiel ihm das gar nicht, wenn es hieß: »Takowa pěkná divka!« – »So ein hübsches Mädchen!« –, aber wir bekamen auf diese Weise immer eine extra Portion Milch, die ich dringend für Klaus brauchte, der erst drei Jahre alt war.

Trotzdem fing er bald zu kränkeln an und wurde immer schwächer. Wir Deutsche durften keinen Arzt aufsuchen, waren völlig rechtlos. »Je weniger Deutsche da sind, umso besser«, musste sich meine Mutter immer wieder anhören, wenn sie verzweifelt um Hilfe für ihr Kind bat.

Tante Trude kannte von früher eine Ärztin, die dafür sorgte, dass Klaus ins Krankenhaus kam, wo Typhus diagnostiziert wurde. Kurz darauf wurde auch Mutti krank, mit den gleichen Symptomen. Es ging ihr sehr schlecht, und wir hatten schreckliche Angst, sie zu verlieren. Was würde dann aus uns werden? Zuletzt steckte sich auch noch Jürgel an und kam ebenfalls ins Krankenhaus. Wir anderen blieben gottlob von der Krankheit verschont.

Von Vati hatten wir die ganze Zeit über nichts gehört, wussten nicht, ob er in Gefangenschaft geraten oder sich selbst erschossen hatte, wie er es Tante Trude für den Fall angekündigt hatte, dass Deutschland den Krieg verlieren sollte.

Meine Eltern hatten zwar früher Adressen ausgemacht, über die man sich wiederfinden könnte, sollte es wirklich zum Schlimmsten kommen, aber Vati hatte sich nirgendwo gemeldet.

So »feierten« wir ein sehr trauriges und sorgenvolles Weihnachten 1945. In diesem Jahr war ich, ein bis dahin behütetes und sorgenfreies Mädchen, zu einer ernsten, pflichtbewussten Jugendlichen gereift und musste mir all das aneignen und tun, was bis dahin nie von mir verlangt worden war. Doch was ich dabei lernte, war:

»Alles, was dich nicht umbringt, macht dich stärker!«

Ein Grundsatz, der mich mein ganzes weiteres Leben durch schwierige Situationen begleiten würde.

Zum 29. April 1946, ich war gerade fünfzehn Jahre alt geworden, kam der Ausweisungsbefehl.

Abends um 19 Uhr mussten wir uns am Westbahnhof von Troppau einfinden. Als Gepäck durften wir fünfzig Kilogramm pro Person mitnehmen. Dieses Gewicht erreichten wir mit unseren wenigen Habseligkeiten nicht einmal, sodass wir noch Sachen von Tante Micki, einer Schwägerin meiner Tante Trude, die im Rollstuhl saß und für denselben Transport vorgesehen war, mit einpacken konnten. Auch sie hat trotz dieser Behinderung die Flucht in den Westen geschafft und blieb in Pfaffenhofen, wo wir sie später besuchten.

Am Bahnhof wurden wir in Viehwaggons verfrachtet, es ging halbwegs gesittet zu. In einer Ecke des Waggons stand uns sogar ein Eimer für die dringendste Notdurft zur Verfügung!

Nach fünftägiger Fahrt über Prag in Richtung Domazlice, der Grenzstation, kamen wir nach Furth im Wald, dem ersten Ort auf deutschem Boden. Wie froh und erleichtert wir waren! Endlich in Sicherheit, keine Repressalien mehr, keine Ängste – Gott sei Dank!

Wir wurden vom Deutschen Roten Kreuz empfangen, in einen deutschen Zug umgeladen und nach Dachau bei München gebracht.

Bis dahin war uns der Name »Dachau« kein Begriff gewesen, jetzt erfuhren wir, welch schreckliche und grausame Dinge hier geschehen waren. Nun wurden wir in genau den Baracken untergebracht, wo vorher Juden und andere Gefangene des Naziregimes eingesperrt, gefoltert und getötet worden waren.

Ich habe Jahre später die Gedenkstätte des Konzentrationslagers Dachau besucht. Erst da hat mich das Entsetzen und das Grauen gepackt über das, was dort geschehen war. Doch damals waren wir zu sehr mit den Gedanken ans eigene Weiterkommen und Überleben beschäftigt, als uns über die früheren Geschehnisse in Dachau und in anderen Konzentrationslagern zu informieren. Wir hatten ja selbst gerade erst das Grauen überstanden.

Zunächst wurden wir ärztlich untersucht, entlaust und konnten uns waschen. Ich hatte schöne lange Zöpfe, in denen sich die Läuse massenweise angesiedelt hatten, trotzdem war ich heilfroh und glücklich, dass mir meine Zöpfe nicht abgeschnitten wurden.

Der kleine Klaus, daran kann ich mich noch genau erinnern, gab dem Arzt, der ihn untersuchen wollte, eine Ohrfeige. Vermutlich hatte er an Ärzte aus der Zeit im Krankenhaus keine gute Erinnerung. Ich war zutiefst erschrocken, doch der Arzt schmunzelte nur darüber. »Das ist aber ein mutiger kleiner Kämpfer!«, meinte er nur.

In Dachau teilte man unseren Transport, wir wurden nach Paffenhofen an der Ilm gebracht, wieder in ein Auffanglager. Ich war enttäuscht und hatte es so satt! Doch heute verstehe ich, dass eine Versorgung und Aufteilung der vielen Flüchtlinge anders nicht möglich gewesen wäre.

Nach dem Aufenthalt im Lager in Pfaffenhofen kamen wir weiter nach Münchsmünster und wurden in privaten Häusern einquartiert. Die Bürger dort waren von der erneuten Einquartierung nach den vielen Flüchtlingen, die sie bereits untergebracht hatten, alles andere als begeistert. In der Nachkriegszeit verschlechterte sich auch für die ansässige Bevölkerung die Versorgungslage, noch mehr, noch schlechter als im Krieg, und wegen der vielen zerbombten Städte wurde der Wohnraum knapp. Jetzt kamen noch die vielen Flüchtlinge und Vertriebenen dazu, die versorgt werden mussten.

Wir kamen in ein sehr schönes Haus, eine Villa, in der zwei Zimmer für uns hatten frei gemacht werden mussten. Die Polizei brachte uns dorthin, dementsprechend »freundlich« war die Aufnahme. Man kam sich wiederum wie ein Mensch zweiter Klasse vor.

Das Leben begann sich zu normalisieren. Meine Schwester Traudl, die »zu Hause«, in der Tschechei, noch das Kriegsabitur hatte abschließen können, fand bald in München einen Platz in einem verkürzten Kurs zur Lehrerausbildung. Lehrerinnen wurden dringend benötigt, zu viele Männer waren im Krieg geblieben.

Jürgel kam in die Grundschule, Klaus in den Kindergarten. Nur für mich fand sich nichts!

In Ingolstadt, der nächstgelegenen Stadt, gab es eine Ordensoberschule für Mädchen, doch Mutti konnte das Schulgeld nicht aufbringen. Ich war grenzenlos enttäuscht! Nichts wünschte ich mir sehnlicher, als endlich wieder in die Schule gehen zu dürfen. Um meine Lebensmittelmarken zu verdienen, arbeitete ich bei Bauern, denn für Tätigkeiten wie Rüben verziehen, Hopfen zupfen oder Kartoffeln klauben war ich alt genug.

Endlich durfte ich dann doch in Ingolstadt die Schule besuchen: Tante Trudes Mann Pepi, der bereits früher in den Westen gegangen und Arbeit gefunden hatte, steuerte zum Schulgeld bei.

Ich lernte eifrig, war eine sehr gute Schülerin. Einer Mitschülerin, einem Bauernmädchen, half ich bei den Hausaufgaben. Sie brachte mir dafür immer wieder etwas Essbares mit, denn der ständige Hunger, dem man ausgesetzt war, plagte mich als Heranwachsende besonders arg.

Wegen meiner guten Leistungen wurde ich bald von der Zahlung des Schulgeldes befreit und musste Onkel Pepi nicht allzu lange auf der Tasche liegen.

1948, mit siebzehn Jahren, hatte ich dann voller Stolz die mittlere Reife erlangt und bekam zur Abschlussfeier in der Schule ein neues Kleid!

Was war mit Vati? Wir hatten keinerlei Lebenszeichen von ihm, und Mutti befürchtete das Schlimmste. Würde sie allein mit vier Kindern bleiben? Das wäre ein hartes Schicksal, das viele Frauen der damaligen Zeit traf.

Es dauerte auch noch lange, bis wir erfuhren, dass Vati lebte, und noch länger, bis er 1954 aus russischer Kriegsgefangenschaft nach Hause kam. Der damalige Bundeskanzler Adenauer hatte mit Russland ein Abkommen geschlossen, nach dem viele Kriegsgefangene zurück nach Deutschland entlassen wurden. Vati war dabei!

Ich erinnere mich, dass er in Münchsmünster, wie viele der damaligen Spätheimkehrer, begeistert empfangen wurde und wie im Triumphmarsch mit Musik durch das Dorf geführt wurde. Die Familie sah sich nach langen Jahren wieder vereint. Ein Glück, das nicht allen beschieden war.

Einige Jahre darauf lernte ich meinen späteren Mann kennen. Reinhold war erst 1948 aus französischer Kriegsgefangenschaft entlassen worden. Er hatte das Pech, wegen seines Geburtsdatums am 30.12.1926, von der Schulbank weg eingezogen worden zu sein, und war in Kriegsgefangenschaft geraten.

1952 heirateten wir, da war ich einundzwanzig, Reinhold gerade sechsundzwanzig.

Wir waren dreiundfünfzig Jahre bis zu seinem Tod glücklich verheiratet, bekamen zwei Töchter, zuerst Gabi und zehn Jahre später Gitta.

Meinen erlernten Beruf als Bankkauffrau konnte ich lange ausüben, mit einer Unterbrechung von vier Jahren: zur Pflege meiner Eltern bis zu deren Tod. Danach fand ich zum Glück eine Stelle an der Börse, was mir sehr gut gefiel und wo ich sehr erfolgreich gearbeitet habe. Mein Beruf war immer wichtig für mich, ich konnte mir nicht vorstellen, irgendwie abhängig zu sein.

Wir waren fleißig, konnten jeder unserer Töchter ein Studium ermöglichen. Darauf bin ich stolz, habe ich doch selbst diese Möglichkeit in meiner Jugend, in Anbetracht der damaligen widrigen Umstände, schmerzlichst vermisst.

Heute bin ich Witwe, vierfache Großmutter und trotz einiger Gebrechen meinem Alter entsprechend gesund und nur gelegentlich auf Hilfe angewiesen.

Ungeachtet dieser schlimmen Zeit und der schrecklichen Erfahrungen in meiner Jugend, denke ich, dass ich großes Glück im Leben hatte und eigentlich allen Grund habe, dem Schicksal dankbar zu sein.

Abschlussprüfung im neuen Kleid.

Brigitte –
Gerade noch die Flucht geschafft!

Am 8. Mai 2020 jährt sich das Ende des Zweiten Weltkrieges zum fünfundsiebzigsten Mal. Damals begann für mich und meine Familie eine Leidenszeit, die ich bis heute nicht vergessen kann. Ich war damals sechzehn Jahre alt.

Meine Eltern stammten beide aus großbäuerlichen Familien, meine Mutter von einem Gut in Westpreußen, der Vater aus Thüringen.

Mein Vater hatte bereits im Ersten Weltkrieg mit Auszeichnung gekämpft, dann jedoch, während der Weltwirtschaftskrise 1929, sein gesamtes Vermögen verloren.

Bei meiner Geburt lebten wir in Sachsen, meine Eltern hatten in Kamenz das Rittergut Straßgräbchen gepachtet, welches sie landwirtschaftlich betrieben. Es war ein schönes Gelände mit einem stattlichen Gutshaus inmitten eines großen Gartens mit drei Teichen. In diesen wurden Karpfen gezüchtet, und ich erinnere mich, dass wir sogar den ersten gefliesten Kuhstall hatten, so fortschrittlich waren wir zu der Zeit schon!

Nachdem ein Brüderchen gleich nach der Geburt zum großen Schmerz meiner Mutter gestorben war, bin ich das einzige Kind meiner Eltern geblieben.

Als die Pacht des Betriebes abgelaufen war, gaben meine Eltern das Gut auf. Vor allem meine Mutter wollte das so, sie hatte viel Geld aus ihrem Erbe in das Projekt investiert, sah aber keine Rendite.

Vermutlich war es darüber zum Streit zwischen meinen Eltern gekommen, denn sie lebten erst einmal getrennt. Meine Mutter Irmgard zog mit mir nach Berlin-Britz, lehrte dort Hauswirtschaft an einer Abendschule. In Berlin besuchte ich die ersten zwei Jahre die Schule.

Mein Vater lebte derweilen bei seinen Eltern in Erfurt, bekam später eine Anstellung bei einer Behörde in Meiningen und wurde dann nach Meißen versetzt. Von da an lebten wir wieder als Familie zusammen. Offensichtlich hatten sich meine Eltern wieder versöhnt.

Im Herbst 1939 wurde mein Vater nach Budweis in die Tschechoslowakei versetzt. Dort gab es mehrere Staatsgüter, deren Verwaltung ihm übertragen worden war.

Das damalige Gebiet Böhmen und Mähren war seit 15. März 1939 deutsches Protektorat. Bis dahin hatten die Deutschen und die Tschechen einigermaßen friedlich zusammengelebt, die Deutschen waren zwar eine ungeliebte Minderheit, hatten aber ihre deutschen Schulen behalten dürfen.

Am Tag, als die deutsche Wehrmacht in Böhmen-Mähren einmarschierte, stand die deutsche Bevölkerung am Straßenrand, jubelte und freute sich, dass die Tschechei nun deutsch wäre. Ab diesem Zeitpunkt änderte sich das Verhältnis zu den Tschechen gewaltig. Die Deutschen bestimmten nun, die

Tschechen hatten in ihrem früheren Land nichts mehr zu sagen.

Wir, aber auch die österreichischen Volksdeutschen, die seit Generationen hier lebten, hielten uns, das muss ich heute gestehen, für etwas Besseres. Den Tschechen gegenüber haben wir uns sehr schlecht, oft furchtbar ungerecht verhalten.

Wenn zum Beispiel ein neuer »Leitender« von der Partei eingesetzt wurde, setzte man eine tschechische Familie ohne viel Federlesens auf die Straße und wies die Wohnung samt Mobiliar dem Deutschen zu.

Oft verschwanden über Nacht tschechische Familien, wie zum Beispiel unser Hausarzt mit seiner Frau und den Kindern. Man wusste nicht, wohin sie

So sah das Rittergut Straßgräbchen aus.

gebracht worden waren. Ihr Besitz wurde versteigert oder an Deutsche gegeben.

Ähnlich erging es den Juden: Sie mussten den gelben Judenstern sichtbar an der Kleidung tragen, wurden enteignet und abtransportiert. Ich erinnere mich an ein altes jüdisches Mütterchen, verzweifelt weinend auf einer Parkbank sitzend, wo sie als Jüdin nicht sitzen durfte. Am nächsten Tag war auch sie verschwunden.

Nach dem tödlichen Attentat auf Heydrich, den stellvertretenden Reichsprotektor in Böhmen und Mähren, der wegen seiner Grausamkeit »Schlächter von Prag« genannt wurde, folgte eine Welle von Vergeltungsmaßnahmen. Die Dörfer Lidice und Tage später auch Lezaky wurden dem Erdboden gleichgemacht. Alle männlichen Bewohner Lidices ab sechzehn Jahren wurden erschossen, die Frauen in Konzentrationslager deportiert, die Kinder teilweise umgebracht oder als »germanisierbar« zu deutschen Pflegeeltern gebracht.

Über 3.000 Verhaftungen und 1.300 Hinrichtungen folgten. Täglich standen in der Zeitung Listen von Tschechen, die von den Nazis abgeholt und in Konzentrationslager gebracht worden waren. Was dort geschah, wusste man damals nicht, erst nach dem verlorenen Krieg offenbarte sich all das Grausame, das den Menschen dort angetan worden war.

Obwohl Parteimitglied, hatte sich Vater oft hinter vorgehaltener Hand über das Benehmen der Deutschen den Tschechen gegenüber mokiert: »So könnt ihr mit den Menschen nicht umgehen!«

Doch man musste mit solchen Reden vorsichtig sein, schnell kam es vor, dass Deutsche, die das Naziregime kritisierten, verschwanden.

Wir Kinder waren alle in der Hitlerjugend, es war Pflicht wie der Schulbesuch, und wir waren stolz darauf. Ich erinnere mich, dass wir Mädchen weiße Kniestrümpfe als Zeichen für unser »Deutschtum« trugen. Da geschah es schon einmal, dass ich von Tschechinnen auf der Straße angespuckt wurde.

Auf dem großen Marktplatz in Budweis waren zwei Seiten für die Deutschen reserviert, die anderen beiden für die Tschechen, damit wir uns beim Bummeln oder Einkaufen nicht in die Quere kamen. Auf »unserer« Seite gab es natürlich die schöneren

Meine Familie.

Geschäfte und Läden, ganz anders als »drüben« bei den Tschechen. Juden durften deutsche Läden damals nicht betreten.

Mit der Zeit bauten sich bei den unterdrückten Tschechen Wut und großer Hass auf, was ich heute gut verstehen kann. Diese Verachtung machte sich nach dem verlorenen Krieg in furchtbaren Gräueln an den Deutschen Luft.

In unserer Straße gab es zwei Schulgebäude, eines davon wurde nach dem Einmarsch als Kaserne für die deutschen Soldaten eingerichtet. Ich war froh, dass die Soldaten da waren, denn ich hatte Angst vor den Tschechen. Abends, unterwegs in meiner Hitlerjugend-Uniform, war ich heilfroh, wenn ich das Geräusch der Soldatenstiefel hörte.

Man nahm mich gleich im BdM, dem Bund Deutscher Mädel, in die Spielschar auf. Als Spielführerin hatte ich eine Uniform mit »Kordel« erhalten.

Da schimpfte meine Mutter: »Ich will nicht, dass du das machst, Brigitte!«

»Wir tun dort doch nichts Böses«, verteidigte ich mich. Mir hat es beim BdM gefallen, ich spielte und sang gerne.

So bekamen wir zum Beispiel Holzklötze zum Bemalen für die ausgebombten Berliner Kinder, strickten Socken für die Soldaten an der Front oder sammelten Heilkräuter für Tees.

Ab 1945, die Ostfront war trotz aller Siegesparolen bedenklich nahe gerückt, hörten wir von den ersten Flüchtlingsströmen aus dem Osten.

Vom 13. bis 15. Februar 1945 fanden die verheerenden Fliegerangriffe der Amerikaner und Engländer auf Dresden statt. Man hörte das Dröhnen der Kampfflugzeuge bis zu uns, und der Himmel war glutrot beleuchtet. Geschätzte fünfundzwanzigtausend Menschen kamen in diesen Tagen und Nächten ums Leben, große Teile der Stadt wurden vernichtet oder zerstört.

Meine Mutter reagierte panisch: »Ich will hier weg, nach Sachsen oder nach Thüringen. Wir gehören nicht hierher, das ist nicht unser Zuhause!«, heulte sie. »Such eine Wohnung für uns!«, flehte sie meinen Vater an.

Wir waren im Januar 1945 nach Teinitzl bei Klattau (heute Klatovy) gezogen, wo mein Vater eine Stelle als Gutsverwalter und eine Wohnung gefunden hatte. Das nahe gelegene Klattau war eine hübsche alte Stadt, nicht allzu weit von der Grenze nach Bayrisch Eisenstein entfernt.

Ich ging in Schüttenhofen zur Schule, es war ein weiter Schulweg dorthin. Oft tauchten Tiefflieger auf, dann versteckten wir Schüler uns im Straßengraben oder rannten in einen Wald. In Schüttenhofen gab es viele Berliner Kinder, die wegen der Bombenangriffe aufs Land verschickt worden waren, aber auch Flüchtlinge aus den östlich gelegenen Gebieten. Wenn Züge mit Flüchtlingen aus dem Balkan ankamen, mussten wir Kinder diese am Bahnhof willkommen heißen und ihnen Brote und Gerstenkaffee bringen.

Als die Situation immer gefährlicher wurde, lud eines Tages mein Vater zwei Berliner Schulklassen auf Wagen, und Knechte vom Gut brachten sie an die Grenze, denn die Russen standen schon vor Prag.

Meine Eltern planten inzwischen vorsorglich die Flucht. Sie ahnten, wir würden nicht mehr lange in Teinitzl bleiben können. Da erkrankte ich schwer, hatte mich bei den Flüchtlingskindern mit den schwarzen Pocken angesteckt. Unser tschechischer Arzt wollte mich für Wochen ins Krankenhaus in Quarantäne schicken, doch meine Mutter wehrte sich mit Händen und Füßen dagegen, wir waren bereit zur Flucht.

Sie versteckte mich für drei Wochen in der Wohnung, blieb bei mir, Verwandte und Angestellte stellten Essen vor die Tür. Mutter wusch mit kochendem Wasser das Geschirr ab, bevor sie es wieder nach draußen stellte.

Doch es ging mir immer schlechter, ich lag im Fieberdelirium, und meine Eltern befürchteten das Schlimmste. Der Arzt gab uns ein Medikament mit der ernsten Warnung, dass es nur tropfenweise verabreicht werden dürfte.

Mein Vater holte aus dem Keller eine Flasche Wein und verabreichte mir jeweils nur einen Tropfen in einem Glas Alkohol, und das »Gift« half. Ich wurde gesund.

Den Rest des Mittels behielt mein Vater vorsorglich bei sich, falls uns die Russen einholen würden. »Lieber tot, als den Russen in die Hände fallen!«, sagte er.

Man hatte zu viel Schreckliches gehört. Folterungen, Erschießungen, Vergewaltigungen. Auch die

Russen rächten sich an den Deutschen, die über ihr Land so viel Tod und Verderben gebracht hatten.

Obwohl ich noch sehr schwach war, begaben wir uns auf die Flucht, es war höchste Zeit!

Der Vater bereitete alles vor, spannte zwei Pferde vor einen großen Leiterwagen. Die Mutter sollte mit dem Pferd Lise einen kleineren Kastenwagen lenken.

Wir konnten nur das Nötigste mitnehmen. Mein Vater schrieb noch ein Verzeichnis der zurückgelassenen Werte, damit ihm die Tschechen nicht den Vorwurf der Bereicherung und des Diebstahls machen könnten. Wir ließen alles zurück, auch die wertvolle alte Lutherbibel, die seit Generationen im Familienbesitz war, denn wir benötigten sämtlichen Platz auf dem Wagen für uns und für das Pferdefutter. Was uns an Essbarem zum Mitnehmen geeignet schien, wurde aufgeladen: Ein Teil eines geschlachteten Schweines – in Fett eingelegt, Eier in Wassergläsern, Lebensmittel, die haltbar sein würden.

Wir waren zu sechst, als wir schließlich loszogen: Meine Eltern und ich, und meine Tante mit ihren zwei Kindern.

Das war im Frühling 1945, kurz vor meinem sechzehnten Geburtstag.

Im Gegensatz zu fast allen anderen Flüchtlingen, die unterwegs waren, hatten wir ein Ziel: Haidl (heute Haydl), ein kleiner Ort im Böhmerwald, in der Nähe von Böhmisch Eisenstein, einer Grenzstadt. Dort hatte mein Vater eine alte Bauernkate ausgekundschaftet, ein strohgedecktes Haus mit einem Misthaufen davor. Die zwei alten Leutchen, die dort hausten, waren nett. Zu sechst bezogen wir ein Zimmer.

Wir wagten nicht, uns außerhalb des Hauses zu bewegen, denn draußen, im nahe gelegenen Wald, wurde immer wieder geschossen. Wir hatten Angst, wussten nicht, wer dort war: Es kämpften Partisanen und versprengte Soldaten. Totales Chaos herrschte.

Eines Tages, wir saßen gerade bei unserem kargen Mittagessen, donnerte es an die Tür. Meine Mutter sprang auf und öffnete.

Draußen stand eine Frau in SS-Uniform mit einer Peitsche in der Hand, dahinter sahen wir einen Karren mit ungefähr zehn zerlumpten, mageren Frauengestalten mit dem gelben Judenstern an der Kleidung.

»Habt ihr was zu essen?«, herrschte die Frau meine Mutter barsch an.

Die jedoch meinte: »Wir haben selbst nichts, nur eine Schüssel mit Kartoffeln!«

»Her damit!« Die Frau packte die Schüssel, schüttete die Kartoffeln über die halb verhungerten Frauen und brüllte: »Da, fresst, ihr Schweine!«

Heute noch habe ich die gierigen Hände vor Augen, die nach den Kartoffeln grapschten. Dann fuhr der Karren weiter. Was mit den Frauen geschah, wussten wir nicht, konnten es nur erahnen.

Heute frage ich mich manchmal, wie Frauen wie diese SS-Schergin später nach dem Krieg weiterlebten. Konnten sie als »ehrbare« Frauen mit diesen Erinnerungen existieren, als wäre nichts geschehen?

Der Krieg war vorbei! Doch wir erfuhren es erst, als die Bürgermeister von Haidl und Böhmisch Eisenstein kamen und verlangten, dass alle Häuser weiß beflaggt werden sollten. Die Amerikaner stünden bereits in Bayrisch Eisenstein.

Eine angespannte Unruhe ergriff uns. Wie würde es weitergehen? Was würde mit uns Deutschen geschehen, wenn die Amerikaner einrückten?

Es wurde ruhiger ums Haus, und wir wagten uns ins Freie. Da sahen wir vom Wald her einen bewaffneten deutschen Offizier zu uns herabrennen. Als er die weiße Fahne sah, brüllte er: »Was macht ihr hier? Weg mit den weißen Fetzen! Wir sind im Krieg!«

Meine Tante meinte keck: »Es ist kein Krieg mehr, wir haben uns ergeben!«

Da wurde er erst richtig wütend und verlangte geharnischt, alle weißen Tücher abzunehmen. »Wisst ihr nicht, dass General Schörner bis zuletzt um den Endsieg kämpft? Ihr wärt nicht die Ersten, die er wegen Wehrkraftzersetzung erschießen lässt. Die Bäume an den Straßen sind voll mit Deserteuren, die er hängen ließ! Sieg Heil!« Er riss den rechten Arm zum Hitlergruß hoch.

Weiter ging er mit vorgehaltener Pistole von Haus zu Haus und schrie die Leute an: »Wenn ihr nicht sofort diese Scheißbeflaggung abnehmt, erschieße ich euch alle. Verstanden?!«

So war Haidl unbeflaggt, als uns die Vorhut der amerikanischen Armee erreichte und ich staunend den ersten »Dunkelhäutigen« sah. Teils betrachteten wir die Amerikaner als »Befreier«, doch sicher waren wir nicht, wie sie mit uns umgehen würden.

Zuerst begann ein unheilvolles Schießen zwischen ihnen und letzten versprengten deutschen Truppen, die Amerikaner beschossen den Ort mit Artillerie.

Wir versteckten uns voller Angst im Keller. In meiner Erinnerung ist verblieben, dass die Pferde wegen der Knallerei außer Rand und Band geraten waren und sich in ihrer Panik verletzten. Die amerikanischen Truppen forderten, dass alle Frauen und Kinder den Ort verlassen müssten, sie wollten wegen des noch anhaltenden Widerstandes das gesamte Dorf dem Erdboden gleichmachen.

Mit den anderen Einwohnern von Haidl packten wir in aller Eile das Nötigste und keuchten den noch verschneiten Berg hinauf in Richtung Untertschechau, bis wir zu einer Lichtung kamen und dort erschöpft lagerten. Als wir Tieflieger kommen hörten, flüchteten wir voller Angst zurück in den Wald. Doch die Tieflieger kamen zurück, sie suchten nach uns, denn eine der Frauen hatte in der Eile auf der Lichtung einen Kinderwagen stehen lassen – wir hatten zwei Babys dabei.

Zwei Tage verbrachten wir danach in Untertschechau in einer Schule, voller Angst und Ungewissheit, was in Haidl passierte.

Am 7. Mai trauten wir uns endlich wieder zurück, auch die anderen Dorfbewohner wagten die Rückkehr. An der Straße lagen viele tote deutsche Soldaten, auch Offiziere, noch mit der Pistole in der Hand. Sie hatten sich lieber erschossen, als in Kriegsgefangenschaft zu geraten. Somit bestätigte sich für uns, dass der Krieg aus war und die deutsche Wehrmacht kapituliert hatte.

In unserem Haus war alles verwüstet. Auf dem Tisch hatten ein paar Bilder meines Onkels in Uniform gelegen, der längst bei Leningrad (Sankt Petersburg) gefallen war. Diese Fotos hatten die Amis offensichtlich so wütend gemacht, dass sie Tische, Stühle und Schränke umgeworfen und alle Bilder, Fotos und Aufzeichnungen draußen auf den Misthaufen geworfen hatten; auch meine geliebte Puppe, die ich bis hierher gerettet hatte. Wir stocherten im Misthaufen herum, um Erinnerungsstücke zu retten, meine Puppe war kaputtgeschlagen.

Dann sahen wir vor dem Dorf eine Gruppe von Buben, noch Kinder. Manche von ihnen waren so schmächtig, dass sie kaum das Gewehr halten konnten.

Meine Tante meinte mitleidsvoll: »Ihr wärt wohl auch lieber daheim bei Muttern, was?«

Da schrie einer der Knilche: »Wir kämpfen bis zum Sieg!«

»Ach, Jungchen, der Krieg ist doch vorbei, verloren!« Mutter schüttelte den Kopf.

Auch diese Buben sah man nicht mehr. Heute weiß man, dass an die siebzigtausend dieser Kinder, Hitlers »letztes Aufgebot«, in diesem schrecklichen Krieg den »Heldentod« fanden.

Ich erinnere mich, dass wir am 13. Mai, acht Tage nach der Kapitulation, Haidl verließen. In einem Treck, zu Fuß und mit den Pferden, durch den Böhmerwald. Es war eine harte Tour!

In Neuhaidl versperrten uns amerikanische Soldaten den Weg. Sie ließen uns nicht weiterziehen und sperrten uns in einer Scheune ein. Wir hatten schreckliche Angst, dass sie ihre Drohung, uns an die Russen auszuliefern, wahr machen würden. Wir diskutierten in unserem spärlichen Englisch mit ihnen und flehten sie an, uns die letzten fünfhundert (!) Meter zur Grenze ziehen zu lassen.

Zu unserem Glück kam ein weiterer Treck hinzu, es waren Freunde von uns, die wie wir aus der Tschechei flohen. Sie hatten zu Hause eine Spirituosenfabrik besessen und gaben den Amerikanern nun etliche der mitgeführten Flaschen Alkohol. Das half!

Am nächsten Morgen durften wir auf Umwegen und Nebenstraßen weiterziehen. Unser Treck war inzwischen auf vier Wagen angewachsen. Es ging bergauf, und teilweise lag Schneematsch auf den Nebenstraßen, sodass wir jeweils vier Pferde vor einen Wagen spannen mussten, um die Steigungen zu schaffen.

Über Hurkenthal und Ferdinandsthal kamen wir an die Grenze. Auf dem Weg lasen wir ein paar verletzte und ebenfalls flüchtende Soldaten auf, ließen sie auf den Wagen sitzen, während wir zu Fuß nebenhergingen.

Endlich waren wir über die Grenze gelangt. Ich erinnere mich noch an eine grüne Wiese mit einem plätschernden Bach, es sah aus wie das Paradies. Dort rasteten wir, fielen uns in die Arme und weinten vor Freude über unsere Rettung – wir waren in Sicherheit! Nur zwei Stunden später machten die Tschechen die Grenzen dicht!

Was für ein Glück hatten wir, draußen zu sein, im Gegensatz zu vielen Deutschen, die nun den Russen und Tschechen ausgeliefert waren. Die Tschechen schickten die Trecks, welche die Flucht über die Grenze nicht geschafft hatten, zurück in ihre Herkunftsorte. Dort waren sie schrecklichen Repressalien und Massakern ausgesetzt, mussten Zwangsarbeit leisten, bis sie nach Monaten aus der Tschechei vertrieben und wie Vieh in Waggons in den Westen geschickt wurden.

Für uns ging es weiter zum »Zwieseler Waldhaus«, einem Bauern und Gastwirt, der uns aufnahm. Außer uns waren noch andere Flüchtlinge dort.

Vorerst kamen wir in einer Scheune unter, konnten nicht weiterziehen, da unsere Pferde zu erschöpft und teilweise verletzt waren. Das Pferd Lise, das den Wagen meiner Mutter gezogen hatte, blutete aus mehreren von Granatsplittern verursachten Wunden. Auch die anderen Tiere waren am Ende ihrer Kraft von den langen, anstrengenden Fahrten durch Schnee und Matsch auf den Anhöhen.

Dann konnten wir für vierzehn Tage in ein kleines Nebenhaus ziehen. Die Betten waren voller Flöhe, wir waren am Morgen schrecklich zerstochen. Meine Cousine und ich gingen im Wettbewerb auf Jagd nach dem Ungeziefer. Einmal zerquetschte ich triumphierend sechsundzwanzig dieser Plagegeister.

Es herrschte immer noch das reinste Chaos. Unten auf der Straße fuhren die Amis mit ihren Jeeps herum. Wir lugten ängstlich aus den Fenstern, denn gelegentlich kamen versprengte deutsche Soldaten aus dem Wald zu uns ins Haus. Meine Mutter geriet in Panik, wenn sie die Männer in ihren Uniformen sah und dazu die Amerikaner unten auf der Straße. Deutsche Soldaten wurden von den Amis gesucht, man durfte sie nicht verstecken. Da nahm Mutter die Schere und schnitt die Abzeichen an den Uniformen ab, einem von ihnen gab sie einen Pulli meines Vaters, obwohl wir selbst nichts hatten.

Als mein Vater die beschädigten Geschirre sowie das Zaumzeug repariert und die Pferde sich wieder erholt hatten, verließen wir das »Zwieseler Waldhaus« und kamen endlich nach Bayrisch Eisenstein.

Doch wo sollten wir Aufnahme finden? Alle Häuser waren voller Flüchtlinge, alles war uns fremd. Wir zogen weiter, auf der Suche nach einer Unterkunft.

Das alte Fahrrad meines Vaters leistete gute Dienste. Meine Cousine radelte jeden Tag ein Stück voraus, um eine Unterkunft für die Nacht für uns zu finden. Wir brauchten vierzehn Tage, bis wir beschlossen, in Niederbayern zu bleiben, auf einem Bauernhof in einem kleinen Dorf nahe Regensburg. Dort wohnte eine alte Bäuerin mit ihrem unverheirateten Sohn. Sie nahmen uns auf, und hier lebten wir die nächsten Jahre.

Meine Eltern arbeiteten auf dem Hof, und meine Mutter als Hauswirtschafterin brachte erst einmal das Haus auf Vordermann. Es war für unsere Verhältnisse ein unbeschreiblicher Schmutz dort, in den Strohsäcken hatten sich Mäuse eingenistet, auch die Mehlkammer war voller Mäusekötel.

Meine Mutter wunderte sich immer, dass im Schlafzimmer der Bäuerin so viele Federn und Ungeziefer waren. Dann entdeckte sie, dass sich im

Fenster eine kleine Klappe befand, durch die nachts ein Huhn ins Zimmer kam, das dort schlief und morgens, sozusagen als Dank, ein Ei ins Bett legte.

Mein Vater machte sich mit seinen Pferden als Fahrer nützlich, brachte Milch von den Höfen in die Molkerei und verdiente so die Bezugsscheine für das Pferdefutter.

Meine Eltern waren sich nicht zu gut für jedwede Arbeit, die Gutsherrenzeiten waren vorbei!

Die nächsten Jahre blieben wir auf dem Hof, hielten ein Schaf, aus dessen Milch meine Mutter Käse und sogar Seife herstellte! Auch ein paar Angorakaninchen hoppelten im Hasenstall. Aus deren weichen Haaren spann meine Mutter Wolle für herrlich warme Pullover.

Ich ging in Regensburg zur Schule, musste um fünf Uhr früh los auf den eineinhalbstündigen Schulweg und kam erst spätnachmittags wieder nach Hause.

Von den Ortsansässigen wurde ich gemieden, Flüchtlinge wurden voll Misstrauen gesehen. Dabei versuchten wir nur, Fuß zu fassen, nachdem wir alles verloren hatten. Wir wären für jede freundliche Ansprache dankbar gewesen.

In der Nachkriegszeit gab es nichts zu kaufen, und Tauschgeschäfte bestimmten unseren Alltag. Der Pfarrer der Kirchengemeinde kam gelegentlich zu meiner Mutter und tauschte ein Stück Speck gegen etwas, das sie abgeben konnte. Am Sonntag schimpfte er dann von der Kanzel über die Flüchtlinge, die den Einheimischen alles wegnehmen würden.

Das hat mich damals sehr gekränkt, mich aber auch sehr wütend gemacht.

So nach und nach erfuhren wir, wie es unseren Verwandten ergangen war.

Die Familie meiner Mutter hatte zum Großteil in Pommern in der Nähe von Königsberg gelebt und mein Großvater ein Gut in Schneidemühl besessen. Fast alle verloren ihr Leben auf dramatische Weise: Als die russische Armee näher rückte, wollten die Frauen und Kinder mit dem Holzgasauto nach Berlin entkommen, aber sie kamen nicht weit. Sie waren zu spät geflohen, denn sie hatten sich nicht überwinden können, ihr Zuhause zu verlassen.

Der Treck, in dem sie sich befanden, wurde von den Russen eingekesselt. Dann schossen die Soldaten mitten in die Menschenmenge. Meine Großmutter, eine ihrer Töchter und ihr Enkel waren auf der Stelle tot, andere schwer verletzt.

Meine Tante, so erzählte sie uns Jahre später, wurde sechsundzwanzig Mal von Russen vergewaltigt. Sie ist erst vor einigen Jahren gestorben, aber sie hat diese schrecklichen Geschehnisse bis an ihr Lebensende nicht verwunden. Als wir das alles erfuhren, waren wir heilfroh darüber, dass es uns trotz aller Schwierigkeiten und Strapazen der Flucht einigermaßen gut ergangen war.

Einmal nahm mich mein Vater mit zu einer Tanzveranstaltung in Regensburg. Keiner der jungen Burschen forderte mich zum Tanz auf, wie ein Mauerblümchen wäre ich sitzen geblieben, hätten sich nicht Freunde meines Vaters erbarmt und sich mit mir unterhalten und getanzt.

Ich fühlte mich als missachtetes Flüchtlingsmädchen, noch dazu evangelisch im stockkatholischen Bayern! Dabei war ich hübsch und hoffte nach all den Strapazen der Flucht auf ein bisschen Freude und Anerkennung.

Sechs Jahre lebten wir in dem kleinen Dorf in der Nähe von Regensburg, hatten durch Fleiß und Hilfsbereitschaft die Achtung und Freundschaft der Familie und der Nachbarn errungen. Man half sich gegenseitig.

Meine Mutter fand sogar für den schon fünfzigjährigen Sohn und Junggesellen der alten Bäuerin eine tüchtige Frau, die verwitwet war. Sie richtete für das Paar auf dem Hof eine schöne Hochzeitsfeier aus, deckte die Tische mit weißen Bettlaken, Geschirr und unserem auf der Flucht geretteten Silberbesteck. So fein hatten die Leute noch nie gespeist.

Mit dem Sohn des Nachbarn hatte mein Vater ein besonders freundschaftliches Verhältnis. Er war recht geschickt und half Vater oft bei anstehenden Arbeiten.

Eines Tages starb der alte Bauer. Der Nachbarssohn kam zu meinem Vater und bat ihn, ihm seine Pferde auszuleihen, er wolle unbedingt seinen toten Vater mit dem Pferdefuhrwerk zum nahe gelegenen Friedhof fahren, der oben auf einem Hügel lag.

Mein Vater hatte Bedenken. »Die Pferde sind vom Krieg her sehr scheu. Wenn da irgendwelche ungewohnten Geräusche sind, gehen die gleich durch.«

Doch der Bursche ließ nicht locker. Endlich überließ ihm mein Vater die Pferde, warnte ihn nochmals eindringlich und meinte: »Ich übernehme keine Verantwortung!«

Am Tag der Beisetzung standen die Pferde, eingespannt an den Wagen, vor dem Hof. Der Sarg wurde aufgeladen, die Trauergäste versammelten sich mit dem Pfarrer zum Trauerzug, wie es sich für eine ordentliche katholische Beerdigung auf dem Land gehörte.

Als aber die Fahnen des Trachtenvereins geschwenkt wurden, gingen die übernervösen Pferde durch, preschten mit dem Wagen den Hügel hinauf. Auf der Hälfte des Weges kippte der Wagen mit dem Sarg um, der gottlob mit Seilen verschlossen war. Große Aufregung und Geschrei! Zum Schluss ging doch noch alles gut, und der alte Bauer konnte würdig bestattet werden.

Mein Vater fand sechs Jahre nach der Flucht eine Anstellung in der Zuckerfabrik bei Regensburg, und so zogen wir 1951 noch einmal um, nach Eggmühl in Niederbayern.

Ich war inzwischen zweiundzwanzig Jahre alt, absolvierte wie meine Mutter eine Ausbildung zur Hauswirtschafterin und qualifizierte mich später noch als Hauswirtschaftslehrerin. Das war mein Start in eine bessere Zukunft.

Jahre später fuhr ich noch einmal nach Straßgräbchen in Sachsen, damals noch DDR – dorthin, wo ich meine ersten schönen Lebensjahre verbracht hatte.

Ich als junges Mädchen.

Alles hatte sich dort verändert. Das frühere Gut war jetzt eine Kolchose, das Gutshaus heruntergekommen.

Ich wanderte umher, durch den früheren Garten, jetzt eine ungepflegte Wiese, und suchte die Karpfenteiche, die zum Teil zugeschüttet waren.

Im Haus stieg ich in mein früheres Kinderzimmer hinauf; gerade wurde der Putz abgekratzt, und darunter kamen die Bilder der Tiere hervor, Elefanten, Löwen und Giraffen, die damals mein Kinderzimmer schmückten. Das hat mich sehr berührt.

Das alles ist lange her. Ich habe in Oberbayern eine neue Heimat gefunden, war jung genug, neu anzufangen, eine Ausbildung zu machen, mich zu verlieben, zu heiraten und eine Familie zu gründen.

Doch die Erinnerungen an den Krieg, die Flucht und die Nachkriegszeit werden mich bis an mein Lebensende begleiten.

Irmgard – Wir haben es geschafft!

Meine Vorfahren waren 1800 aus Südtirol in das damalige Schlesien eingewandert, ich bin dort geboren und war stolz, Schlesierin zu sein.

Mein Vater Franz nahm bereits am Ersten Weltkrieg als kaiserlicher Offizier teil, kämpfte in Russland und in Frankreich. Dort erlitt er eine schwere Verwundung und geriet in Kriegsgefangenschaft. Gottlob konnte sein Bein gerettet werden.

Nach dem Krieg arbeitete er wieder als Beamter im Landwirtschaftsministerium, er hatte in Halle Landwirtschaft studiert und sein Studium mit »summa cum laude« abgeschlossen. Er war ein sehr kluger Mann, zudem ein begehrter Junggeselle, wohlhabend und gut aussehend. Seine Wahl für eine Ehefrau und Mutter seiner künftigen Kinder fiel auf meine Mutter Hildegard, die einundzwanzig Jahre jünger war als er.

Wir waren drei Geschwister: Mein Bruder Heinrich war ein gutes Jahr älter als ich, meine Schwester Inge fünf Jahre jünger.

1930 wurde ich in Oppeln geboren. Als ich fünf Jahre alt war, wurde mein Vater nach Ratibor nahe der polnischen Grenze versetzt, und wir zogen dorthin. Ratibor betrachte ich als meine Heimatstadt.

Vom Krieg, der am 1. September 1939 mit dem Einmarsch der deutschen Wehrmacht in Polen begonnen hatte, bemerkten wir anfangs nicht viel.

Zu essen gab es für uns damals genug, Kartoffeln konnte jeder haben, so viele er wollte.

Nach der Volksschule kam ich wegen meiner guten Noten auf das Gymnasium in Ratibor. Darauf war ich sehr stolz.

Unser Lehrer, den wir alle sehr schätzten, schenkte jedem Schüler ein Bild des »Führers« Adolf Hitler, mit dem Auftrag, es zu Hause über unserem Bett aufzuhängen. Vater schüttelte den Kopf, und Mutter verdrehte die Augen.

1938, noch vor Kriegsbeginn, waren bereits die ersten politischen Veränderungen zu spüren: Als wir Kinder zur Schule gingen, sahen wir, dass die Synagoge brannte. Wir kamen neugierig näher, da verscheuchte uns die Polizei grob: »Weg da, ihr habt hier nichts zu suchen!«

Meine Banknachbarin fehlte an diesem Tag in der Schule. Am Nachmittag machte ich mich auf die Suche nach ihr. Ihre Familie wohnte direkt uns gegenüber. Die Haustür stand weit offen, drinnen war alles verwüstet und durchwühlt. Niemand war daheim.

Bestürzt lief ich zu den Nachbarn und fragte bestürzt nach der Familie. Sie behaupteten, meine Freundin wäre mit ihren Eltern nach Berlin gefahren. Das konnte ich nicht glauben; ich kannte die Familie. Sie hätten niemals ihre Wohnung in diesem Zustand hinterlassen.

Als ich das zu den Nachbarn sagte, schimpften diese ungehalten: »Mach, dass du hier wegkommst, geh nach Hause!« Sie hatten bereits begonnen, die Wohnung zu plündern.

Dies war mein erstes Erlebnis mit der Verfolgung und Verhaftung von Juden, doch damals konnte ich mir keinen Reim darauf machen, hatte nicht einmal gewusst, dass meine Freundin Jüdin war. Zu Hause bekam ich auf die Frage, was da geschehen war, nur eine ungenügende Antwort: »Besser, du kümmerst dich nicht darum, und frag nicht so viel!«, hieß es nur. Doch mich beschäftigte dieses Erlebnis noch lange.

Als im September 1939 der Krieg begann, war der Jubel in Oberschlesien riesig. Die Soldaten, die in den Krieg zogen, wurden auf den Straßen mit Blumen überschüttet. Alle hofften, dass der polnische Teil Schlesiens bald wieder zum Deutschen Reich gehören würde. Man hatte dort drüben Verwandte

Meine Familie.

und Freunde, und das Gebiet war unsere gemeinsame Heimat gewesen, bis es nach dem Ersten Weltkrieg Polen zugesprochen wurde, als Ersatz für die von den Russen beschlagnahmten polnischen Ostgebiete. So wurde Schlesien nach dem Ersten Weltkrieg in ein deutsches und ein polnisches Gebiet geteilt.

Als ich die jubelnden Menschen auf den Straßen gesehen hatte, lief ich zu meinem Vater und rief begeistert: »Papa, es ist Krieg!« Ich konnte nicht verstehen, warum er so ernst dreinsah, den Kopf schüttelte und keinerlei Freude zeigte.

Am Gymnasium unterrichteten immer weniger männliche Lehrer, fast alle waren eingezogen worden. Meist unterrichteten uns Frauen, sogar eine echte »Miss« aus England war darunter.

Dann wurde die Lage kritisch, auch für meine Familie: Die Nazis hatten meinen Vater auf dem Kieker, auch weil er nicht der nationalsozialistischen Partei beigetreten war.

Er hatte einem Mann Geld geborgt und forderte es zurück. Der Schuldner, ein Nazifreund, wollte jedoch nicht bezahlen und beschwerte sich beim Kreisleiter über meinen Vater. Dieser forderte Vater auf, dem Mann die Schuld zu erlassen, er hätte doch genügend Geld. Der beharrte jedoch auf der Rückzahlung.

Mutter flehte ihn an: »Lass das, du bist nicht in der Partei. Wer weiß, was daraus noch wird!«

Zu der Zeit arbeitete ein polnisches Dienstmädchen in unserem Haushalt. Natürlich bekam es mit, was in der Familie geschah, und vermutlich spürte die Gestapo das Mädchen auf, um sie auszufragen und zu erfahren, was im Haus gesprochen wurde.

Als ich eines Tages aus dem Gymnasium heimkam, bekam ich voller Entsetzen mit, wie die Gestapo meine Eltern verhaftete. Gerade noch konnte ich mich von ihnen verabschieden, dann wurden sie weggebracht. Meine Geschwister und ich waren völlig verstört, wussten nicht, wie uns geschah und warum meine Eltern verhaftet worden waren.

Meine Großeltern kamen daraufhin zu uns, sie wohnten in der Nähe von Oppeln. In den Ferien waren wir oft bei ihnen zu Besuch gewesen. Sie kümmerten sich darum, dass wir Kinder mit einem Dienstmädchen in unserer Wohnung und der gewohnten Umgebung bleiben und weiterhin in Ratibor zur Schule gehen konnten.

Ansicht von Ratibor.

Endlich wurde der Prozess gegen meine Eltern anberaumt. Ihnen wurde vorgeworfen, sich negativ über Hitler und den Nationalsozialismus geäußert zu haben. Mein Vater hatte sich schon allein dadurch, dass er nicht in die NSDAP eingetreten war, verdächtig gemacht.

Wir Kinder konnten mit den Großeltern dem Prozess folgen, verstanden aber wenig bis nichts. Meine Eltern wurden zu Gefängnisstrafen verurteilt, wir sollten sie lange Zeit nicht mehr sehen.

Vater wollte Berufung einlegen, doch sein Anwalt riet ihm ab und warnte: »Tun Sie das lieber nicht. Es könnte sein, dass Sie in nächster Instanz in ein Konzentrationslager eingewiesen werden.« Man wusste, dass immer wieder Menschen, die nicht »zum Regime passten«, in Lagern verschwunden waren.

So wurde mein Vater in ein Gefängnis in Österreich gebracht, wohin meine Mutter eingeliefert wurde, weiß ich nicht mehr.

Einmal konnten wir Mutter im Gefängnis besuchen, dann hörten wir lange nichts mehr von ihr. Das war für uns Kinder schrecklich und bedrückte und ängstigte uns sehr. Wir fühlten uns trotz der Fürsorge der Großeltern wie Waisen.

Später, als Mutter wieder zu Hause war, erzählte sie uns, dass in ihrem Gefängnis viele jüdische Frauen gewesen waren, denen sie oft von ihrer Essensration abgegeben hatte, denn die Juden wurden noch schlechter versorgt als die anderen Gefangenen.

Eine der Frauen schenkte ihr bevor sie weggebracht wurde einen Brillanten, den meine Mutter während der ganzen späteren Flucht in einem Amulett aufbewahrte. »Dort, wo ich hingehe, brauche ich keine Edelsteine mehr«, hatte die jüdische Mitgefangene geweint.

Leider ging das Amulett mit dem Brillanten später verloren, wie so vieles andere auch.

Ende 1944 wurden meine Eltern auf Betreiben meines Onkels Berthold aus dem Gefängnis entlassen. Welch eine unglaubliche Freude und Erleichterung für uns!

Ich war damals vierzehn, mein Bruder sechzehn und meine Schwester neun Jahre alt.

Onkel Berthold, der Schwager meiner Mutter, war als Oberstabsrichter ein überzeugter Nationalsozialist. Diese Spaltung in der politischen Gesinnung ging durch viele Familien, auch wenn man meist innerhalb der Familie nicht viel über Politik sprach, um Unfrieden zu vermeiden.

Seine Frau – die Schwester meiner Mutter – und seine beiden kleinen Kinder lebten in Oppeln. Immer öfter heulten dort die Sirenen der Luftalarme, und mein Onkel Ernst-Günther, ihr Bruder, beschwor sie, mit den Kindern zu den Großeltern außerhalb Oppelns zu kommen.

»Geh weg von Oppeln, komm hier raus zu uns! Die Oderbrücken in Oppeln werden bald bombardiert, es ist zu gefährlich dort!«

Doch sie entgegnete tapfer: »Nein, ich bin Luftschutzwartin, ich werde gebraucht, ich bleibe hier!«

Kurz darauf starb sie mit ihren beiden Kindern bei einem Luftangriff. Eine Mine traf den Keller und tötete alle, die darin Schutz gesucht hatten.

Das Haus selbst war noch intakt. Oben in der Wohnung der Tante stand noch die Schüssel mit Suppe auf dem Tisch. Der Wandkalender zeigte das Datum vom 18. Dezember 1944 an, so blieb mir dieser Tag in Erinnerung. Sie und die Kinder waren die Ersten aus unserer Familie, die vom Krieg unmittelbar betroffen waren.

Diese Tante hatte ich sehr gerne gemocht, und ihr Tod war nach dem Verschwinden meiner Schulkameradin und der Verhaftung meiner Eltern der dritte große Einschnitt in meinem noch jungen Leben. Ich war damals vierzehn Jahre alt.

Das folgende Weihnachten feierten wir bei unserer Großmutter in der Nähe von Oppeln. Mein Großvater war im September an Krebs gestorben. Gut, dass er nicht mehr erleben musste, was künftig geschehen würde.

Ich ging spätnachts hinaus in den Garten, der Mond schien, der Schnee glänzte silbern unter seinem Licht. Es sah wunderschön aus. Zwar wusste ich nicht, dass es unser letztes Weihnachten in der Heimat sein würde, doch ich fühlte in jener Nacht ganz stark, dass nicht nur meine Kindheit, dass unsere ganze Welt dem Ende zuging.

Bereits ab Januar 1945 änderte sich alles: Erst wurden die Schulen geschlossen, dann folgte ein Laden nach dem anderen, auch die Banken machten zu. Man bekam fast nichts mehr zu kaufen. Die Bewältigung des Alltags wurde immer schwieriger.

Trotzdem glaubten viele noch an den Endsieg, hofften, selbst als man Kanonendonner und Artilleriefeuer der näher rückenden Front hörte, noch auf die »Wunderwaffe«, die Hitler versprochen hatte.

Mein Vater glaubte längst nicht mehr an den Sieg und beschloss, mit uns auf das Gut einer Verwandten im Sudetenland bei Troppau zu flüchten. Er war sich sicher, dass die russische Armee bald in Ratibor eintreffen würde.

Er wählte das Sudetenland als Zufluchtsort, weil dort noch keine Luftangriffe erfolgt waren, während weiter westlich, zum Beispiel in Sachsen, die Gefahr von Bombenangriffen weitaus größer war.

Also packten wir alles Nötige und einige Wertsachen und fuhren mit unserem Auto, einem »Wanderer«, zu der Zeit ein hochgeschätztes, zuverlässiges Fahrzeug, von Schlesien ins Sudetenland.

Auf dem Gut trafen wir jedoch zu unserem Schrecken nur noch den Verwalter an, die Familie war bereits geflüchtet. So flohen wir weiter im Sudetenland nach Mährisch Schönberg.

Wir landeten in einem Lager, in dem Unmengen von Flüchtlingen aus dem Osten notdürftig untergebracht waren. Es war schrecklich dort. So viele verzweifelte Menschen, diese Enge, fast nichts zu essen, der Willkür der Bewacher ausgesetzt.

Mein tapferer Vater suchte nach einer besseren Unterkunft für seine Familie und wurde bei der Witwe eines Generals aus dem Ersten Weltkrieg fündig, den er aus der damaligen Zeit kannte. Sie nahm uns auf, und wir konnten in dem großen Wohnzimmer am Boden auf dem Teppich schlafen. Der weitere Verbleib in dem Flüchtlingslager blieb uns erspart.

Hier, in Mährisch Schönberg, erlebten wir am 8. Mai 1945 den Einmarsch der Russen, und damit änderte sich die Lage völlig.

Die meisten Flüchtlinge, die es nicht bis in den Westen geschafft hatten und jetzt festsaßen, waren in Lagern untergebracht. Unter diesen Menschen wüteten die Tschechen und die Russen mit menschenverachtender Grausamkeit. Es gab kaum eine Frau, die nicht vergewaltigt wurde, viele Menschen wurden misshandelt oder hingerichtet. Manche haben sich aus Angst vor den Tschechen und Russen selbst umgebracht, bevor sie denen in die Hände fallen konnten.

Alle Deutschen, auch wir, wurden von den Russen und Tschechen zur Zwangsarbeit verpflichtet, wir mussten Schützengräben zuschaufeln und andere schwere Arbeiten verrichten. Einmal entging meine Mutter nur knapp der Gefangennahme durch Russen, die sie nach Sibirien verfrachten wollten. Nur durch einen Trick konnte sie sich retten.

Wir litten an Hunger, es gab nichts zu kaufen, die Menschen standen Schlange, wenn es einmal Pferdefleisch gab. Trotz des Hungers trieben uns die Russen und Tschechen zu schwerer Arbeit an.

Dabei hatten wir es noch vergleichsweise gut. Wir konnten im Haus der Generalswitwe bleiben und so zusammen sein.

Im Untergeschoss befand sich eine Bücherei. Dort hatten sich einige Männer mit schweren Kisten voller Bücher verbarrikadiert. So konnten die tschechischen und russischen Plünderer nicht eindringen, denn es wurde geplündert und gestohlen, was nur ging. Auch unser Auto, den »Wanderer«, haben die Russen sofort konfisziert und fuhren damit stolz in der Stadt herum.

Eines Tages brach im Nebengebäude Feuer aus, und die Männer im Erdgeschoss mussten raus zum Löschen. Nun drangen Russen in unsere Wohnung ein, und wir mussten mit ansehen, wie mein Vater und mein sechzehnjähriger Bruder Heinrich brutal zusammengeschlagen wurden. Wir hatten schreckliche Angst, dass sie totgeschlagen würden. Als ein Russe sein Gewehr auf meine Mutter richtete, stellte ich mich schützend vor sie, taxierte mit meinem Blick den Mann. In diesem Moment war mir alles egal. Da ließ er das Gewehr sinken. Zu unserem unglaublichen Glück zogen sie wieder ab, wir konnten sogar in der Wohnung wohnen bleiben.

Mutter freundete sich mit einer Bäckersfrau an, die Schmuck und andere kleinere Wertsachen in Brot einbackte. Auch in die Kleidersäume nähten wir Wertvolles ein, um es zu retten.

Meine Mutter wollte sehnlichst zurück nach Schlesien, in ihre Heimat, doch mein Vater schlug ihr diesen Wunsch rigoros ab: »Das kommt nicht in Frage, dort ist es viel zu gefährlich, noch gefährlicher als hier!«

Im August 1945 war es dann so weit: Wir mussten uns zu einem bestimmten Zeitpunkt am Bahnhof einfinden, durften nur das Nötigste in einen Koffer und Rucksack packen. Fast alles, was wir damals aus Schlesien mitgebracht hatten, mussten wir zurücklassen. Mit vielen Sudetendeutschen wurden wir massenweise in Güterwaggons verladen. »Heim ins Reich«, schrie man uns höhnisch zu.

Es war eine schreckliche Fahrt, zusammengepfercht mit den vielen verzweifelten Menschen, die aus der Tschechei vertrieben wurden. So wie wir, wussten auch sie nicht, wohin sie gebracht wurden, wie es weitergehen würde. Doch man konnte nicht lange darüber nachsinnen, man lebte nur für den Augenblick, für das pure Überleben, und achtete auf das Zusammenbleiben der Familie.

Trotzdem war die Vertreibung letztendlich unser Glück. Die noch im Sudetenland verbliebenen Deutschen waren schrecklichen Verbrechen und Massakern der Tschechen ausgesetzt. Der ganze Hass auf die Deutschen, die ihnen so viel Leid zugefügt hatten, entlud sich nun an den letzten Verbliebenen.

In Linz in Österreich wurden wir ausgeladen, nun war man gänzlich auf sich gestellt. Außer einem Rucksack und einem Koffer mit dem Allernötigsten hatten wir nichts mehr.

Meinem Vater gelang es, uns nach Meßnerschlag bei Wegscheid im Bayrischen Wald zu bringen. Der dortige Bürgermeister teilte den Flüchtlingen, unter ihnen viele Ungarn, ihre neuen Unterkünfte zu.

Wir wurden einem Bauern zugeteilt, schliefen dort auf dem Heuboden. Vorerst waren wir, wenn auch nur notdürftig, untergebracht und in Sicherheit.

Mein Vater fand später eine Stelle in Untergrombach bei Würzburg als Lehrer. Lehrer wurden gesucht, denn viele Männer waren im Krieg gefallen. Meine Mutter und wir Kinder blieben vorerst in Niederbayern, in der amerikanischen Zone.

Meine Mutter, die sehr pragmatisch war und gut kochen konnte, wurde als Köchin in der Unterkunft der dort stationierten Amerikaner eingestellt. So mussten wir wenigstens keinen Hunger leiden, sie brachte immer wieder Essen und Lebensmittel mit nach Hause.

Wir sehnten uns nach unserer schönen Heimat, nach unserem geregelten und gepflegten Zuhause. Doch wir wussten, dass wir uns in die fremde Umgebung integrieren mussten. Die Hoffnung, zurück in die Heimat zu kommen, hatten wir verloren.

Vater ging von Untergrombach nach Cottbus in die russische Zone, der späteren DDR. Dort wurde er zum Leiter des Landwirtschaftsamtes ernannt. Doch er kam zu uns zurück, mit dem Kommunismus in der russischen Zone wollte er nichts zu tun haben.

Ich konnte derweil eine Klosterschule in Viechtach besuchen, das Schulgeld bezahlte ein Verwandter für mich. Ich war glücklich, wieder in die Schule gehen zu dürfen.

Als mein Vater zurückgekehrt war, zogen wir zusammen nach Schwalmstadt in Hessen, wo wir versuchten, Fuß zu fassen. Dort beendete ich meine Schulzeit.

»Irmgard, du musst einen Beruf erlernen! Mit deinem losen Mundwerk wirst am besten Lehrerin!«, bestimmte mein Vater.

Ich muss heute gestehen, er hatte recht. Es war genau der richtige Beruf für mich, und gelegentlich stehe ich an seinem Grab und bedanke mich für seinen weisen Rat.

Doch das Studium in Gießen war hart. Als Flüchtlingsmädchen bekam ich monatlich neunzig Mark »Soforthilfe«, das Zimmer dort kostete bereits siebenundzwanzig Mark. Da blieb zum Leben nicht viel übrig.

Die Prüfungsgebühren für das Staatsexamen betrugen 30 Mark, danach hatte ich gerade noch 33 Mark übrig. Ich war so ausgehungert, dass ich auf der Toilette einmal bewusstlos zusammenbrach und erst eine halbe Stunde später gefunden wurde. Doch ich habe es geschafft.

Während meiner Studienzeit lernte ich Studenten kennen, die als Achtzehnjährige von der Schulbank weg an die Front befohlen worden waren. Sie hatten Furchtbares erlebt, mussten die Todesschreie ihrer Kameraden hören, um ihr eigenes Leben fürchten oder waren in Gefangenschaft geraten. Was für ein Start in ein neues Leben!

In Hessen bekam ich dann die erste Anstellung. Ich unterrichtete Ernährungswissenschaften, Politik und Wirtschaft, wurde später Oberstudienrätin. Ich ging ganz in meinem Beruf auf, er hat mir immer viel Freude bereitet.

Erst spät heiratete ich. Leider blieb unsere Ehe nach einer Totgeburt kinderlos. Diese Tatsache habe ich mein Leben lang bedauert. Ich hätte so gerne Kinder gehabt.

Heute noch danke ich meinem Vater, der uns klug, aber auch mit der nötigen Autorität und Strenge durch all die Wirrnisse der Flucht, Vertreibung und der späteren Eingliederung geführt hat. Er war ein starker Mann. Noch im Alter von siebzig Jahren baute er ein Haus und lebte darin dreißig weitere Jahre, bis zu seinem hundertsten Geburtstag. Diese Generation, die so Schreckliches durchleiden musste, gab nie auf.

Wir, die in den Jahren 1928 bis 1945 Geborenen, werden die »vergessene Generation« genannt. Uns wurden die Jugend und all die Chancen gestohlen, die man in normalen, friedlichen Zeiten als junger Mensch hat.

Viel zu früh mussten wir ums Überleben kämpfen und später auf ungleich schwierigeren Wegen eine Ausbildung oder ein Studium nachholen. Doch wir sind es, die diesen Staat nach dem Krieg mit aufgebaut haben.

Die Jugendlichen heute wissen nichts mehr von diesen schrecklichen Zeiten und denken, es müsste immer Frieden sein, da sie nichts anderes kennen.

Ich wünsche es uns und ihnen.

Wir Älteren haben jedoch die Pflicht, diese schrecklichen Zeiten, in die wir als Kinder und Jugendliche unverschuldet geraten sind, als Mahnung für die junge Generation nicht in Vergessenheit geraten zu lassen.

Barbara –
Mit sieben Kindern auf der Flucht

Im Oktober 1930 wurde ich in Königsberg geboren, im damaligen Ostpreußen einem wunderschönen und reichen Land. Viele, die es kannten, schwärmen heute noch davon.

Meine Familie zog von dort nach Heilsberg, das südlich von Danzig und nordöstlich von Allenstein liegt. Dort bin ich bis zu meinem vierzehnten Lebensjahr aufgewachsen.

Wir waren eine große Familie mit sieben Kindern, drei Jungs und vier Mädchen: Renate war die Älteste, dann kam ich, Barbara, genannt Bärbel, zur Welt. Nach mir folgten Albrecht, Ursula, Joachim, Marianne und zuletzt der kleine Hermann.

Mein Vater war als Chefarzt des Kreiskrankenhauses in Heilsberg sehr angesehen und beliebt. Er war ein Mann, der sich ganz für das Wohl seiner Patienten aufopferte, nie an sich selbst dachte, immer bescheiden blieb.

Wir wohnten in einem schönen Haus mit Garten, meine Mutter beschäftigte drei Dienstmädchen, die ihr im Haushalt halfen. So konnte sie sich ganz ihrer großen Kinderschar widmen.

Wir lebten sehr gut in Heilsberg und hätten nie im Leben daran gedacht, unsere schöne Heimat zu verlassen.

Doch das Schicksal wollte es anders: Im September 1938 hatte der Zweite Weltkrieg mit dem Überfall auf Polen begonnen. Ich weiß nicht, wie meine Eltern das sahen, als Kind kümmerte ich mich jedenfalls nicht darum, auch wenn die Erwachsenen gelegentlich darüber sprachen. Erst später, nach der Flucht, interessierte ich mich für die damaligen Geschehnisse und dafür, wie es dazu kam.

Ostpreußen war lange nicht direkt vom Krieg betroffen, während im Westen bereits die Städte bombardiert wurden. Vielleicht erklärt dies, warum die Menschen in Ostpreußen sich nicht vorstellen konnten, welche Katastrophe sie bald ereilen würde.

Der große Wendepunkt der anfänglichen Erfolge der deutschen Wehrmacht trat im Winter 1942 mit der Schlacht um Stalingrad ein, wo die Deutschen nach erbitterten Kämpfen eingekesselt und besiegt wurden. Ab da waren die Russen auf dem Vormarsch, und dies betraf nun auch Ostpreußen direkt.

Über 700.000 Soldaten, Russen und Deutsche verloren bei den Kämpfen in Stalingrad ihr Leben. Die weitaus meisten Toten hatte die Rote Armee zu beklagen. Noch heute zeugt ein großer Soldatenfriedhof bei Rossoschka von dieser Katastrophe.

110.000 deutsche Soldaten gerieten in russische Gefangenschaft, nur 6.000 kamen, oft erst nach Jahren, in die Heimat zurück. Die anderen wurden getötet, verhungerten oder erfroren in den russischen Lagern.

Ab Ende 1944 befanden sich die deutschen Truppen im Osten weitgehend auf dem Rückzug, die Russen jagten die Deutschen vor sich her nach Westen.

Trotzdem glaubten viele Ostpreußen durch die Propaganda und die Durchhalteparolen noch an den Sieg, obwohl der Krieg längst verloren war.

1944 kamen die ersten Flüchtlingstrupps aus dem Osten nach Heilsberg, auch in unserem Haus wurden einige aufgenommen. Doch selbst nach deren Schilderungen von Kriegsgräueln dachten die Heilsberger noch lange nicht an Flucht.

»Solange die Masurischen Seen nicht zugefroren sind, können die Russen nicht kommen«, hieß es allgemein.

Wie sehr man sich täuschte!

Bild der Familie.

Ich war damals wie üblich beim Bund Deutscher Mädel, gehörte als erst Vierzehnjährige noch zu den Jungmädchen. Wir waren zu allerlei verschiedenen Diensten eingeteilt, mussten Heilkräuter sammeln, für die Soldaten Socken stricken. Abends wurde ich oft zum Bahnhof geschickt, um Flüchtlinge aus dem Osten oder Evakuierte aus dem Westen in Empfang zu nehmen. Sie sollten mit Getränken versorgt und zu den Häusern geführt werden, in denen sie Aufnahme fanden. Zum Ende hin mussten wir sogar Panzergräben schaufeln. Man stelle sich das vor! Als ob das etwas genutzt hätte! Ich kann es heute kaum mehr fassen, was uns zugemutet wurde. Wir waren doch noch Kinder!

Doch als Jungmädel war man derart beeinflusst, dass man sogar stolz darauf war, Dienst zu tun. Es wurde angeordnet, und dann machte man das eben!

Schulunterricht fand in den letzten Monaten des Jahres 1944 kaum mehr statt. Unsere Schule war zum Lazarett umfunktioniert worden, denn es kamen immer mehr Verwundete von der Ostfront an.

Ab Januar 1945, nach Weihnachten, begann es gefährlich zu werden. Von Weitem hörte man Kanonendonner und Artilleriefeuer, immer mehr deutsche Soldaten flüchteten von der Front in den Westen und somit auch durch Heilsberg.

Nun bekam es mein Vater mit der Angst zu tun.

Ich erinnere mich genau, dass es ein schöner, sonniger Wintertag war mit minus 22 Grad Frost. Diese tiefen Temperaturen waren bei uns in Ostpreußen nichts Ungewöhnliches. Meine Schwester Renate und ich waren mit einer Freundin beim Skilaufen. Als wir zurückkamen, rief uns meine Mutter hektisch zu: »Sofort umziehen, wir gehen weg!«

Wir waren bass erstaunt, hatten keine Ahnung, worum es ging, niemand hatte uns vorgewarnt.

»Los, los, packt eure Rucksäcke mit dem Nötigsten«, befahl sie uns. Sie selbst packte ebenfalls eilig mehrere Koffer.

»Wo gehen wir denn hin?«, fragte ich verwundert.

»Wir fahren mit dem Auto nach Berlin, zu den Tanten!«, gab meine Mutter zurück.

In den grünen Rucksack, den ich zu Weihnachten geschenkt bekommen hatte, packte ich ein, was ich für nötig befand: Klaviernoten, mein Schmuckkästchen, meine Puppe, ein Nachthemd, lauter unnötiges Zeug. Ich wusste ja nicht, worum es eigentlich ging.

Unsere Villa.

Kurz darauf fuhr unser Auto vor: Wir hatten einen großen weißen Audi mit roten Polstern. Die Sitze wurden umgebaut, sodass wir Kinder mit dem Gepäck zwar gedrängt saßen, aber doch Platz fanden.

Meine Mutter hatte vorab kein Gepäck nach Berlin vorausgeschickt, sie meinte, alles würde nicht so schlimm werden. Jetzt jedoch war höchste Eile angesagt, die russische Front rückte näher.

Mein Vater wollte das Krankenhaus mit den vielen Patienten nicht im Stich lassen, denn außer ihm arbeitete nur noch ein Assistenzarzt in der Klinik, alle anderen Ärzte waren an die Front beordert worden. Deshalb hatte er einen Chauffeur organisiert, einen Kriegsversehrten mit einem beschädigten Bein, der uns nach Berlin bringen sollte.

Wir verabschiedeten uns von den Dienstmädchen, auch von meinem Vater. Ich sehe meine Eltern heute noch vor mir, wie sie sich zum Abschied lange und innig umarmten.

Meine Mutter weinte, doch mein Vater beruhigte sie: »Ihr kommt mit dem Auto gut nach Berlin, und in einigen Tagen komme ich nach, dann sehen wir uns wieder!«

Es war Abend, als wir losfuhren, in die dunkle Nacht hinein. Aber wir kamen nicht weit, weil uns deutsche Truppen, die auf dem Rückzug waren, rücksichtslos mit ihren Fahrzeugen von der Straße drängten. Das Auto war halb im Straßengraben gelandet, und unser Fahrer versuchte vergeblich, den Wagen wieder flottzumachen. Die Kleinen weinten, und Mutter war ratlos, als unser Chauffeur meinte: »Ich kann den Wagen allein nicht rausziehen, gnädige Frau. Wir können nur auf Hilfe hoffen.«

Da nahte aus dem Dunkel ein Konvoi von Militärfahrzeugen.

»Oje, das sind schon Russen!«, meinte unser Fahrer erschrocken.

Einer der Wagen hielt. Russische Soldaten sprangen heraus, besahen sich das Malheur. Wir waren voller Angst, was sie mit uns machen würden. Ohne lange Diskussion fassten sie zu unserem Erstaunen mit an, schoben unser Auto wieder auf die Straße, sodass wir unsere Fahrt fortsetzen konnten. Das stelle man sich vor: Deutsches Militär drängte uns in den Graben, und russische Soldaten holten uns heraus!

Bei der Weiterfahrt gerieten wir immer wieder zwischen die Fronten, es herrschte ein heilloses Durcheinander, die Straßen waren verstopft mit Truppen, Flüchtlingen mit Hand- oder Pferdewagen, man stand mehr im Stau, als man fahren konnte. Erst recht mochte unserem Fahrer mulmig gewesen sein, der die gefährliche und verfahrene Situation wohl besser einschätzen konnte als meine Mutter. Wir Größeren hatten alle Hände voll zu tun, die kleineren Geschwister zu beruhigen.

Irgendwann, mitten in der Nacht, kamen wir in ein Dorf. Hochrangige deutsche Militärs hielten unseren Wagen auf. Wir alle, außer dem Fahrer, mussten aus dem Auto steigen. Dann setzten sich die deutschen

Offiziere hinein und verschwanden mit dem Audi, dem Fahrer und einem Großteil unseres Gepäcks in der Nacht.

Da stand meine Mutter nun: im eiskalten Winter, in der Nacht, in einem fremden Dorf mit sieben Kindern im Alter von sechzehn bis drei Jahren! Wir waren nicht weit gekommen, vielleicht sechzig oder siebzig Kilometer. Berlin lag noch in weiter Ferne!

Endlich kam wieder ein Lastwagen, mit deutschen Soldaten. Meine Mutter sprang auf die Straße, um ihn aufzuhalten. Die Männer hievten uns auf die Laderampe, und wir konnten mit ihnen weiterfahren. In der Hektik vergaßen wir einen Koffer, jetzt besaßen wir von unserem ganzen Gepäck nur noch einen letzten Koffer und unsere kleinen Kinderrucksäckchen.

Mit diesen Soldaten fuhren wir bis nach Elbing in der Nähe von Danzig, dort wurden wir wieder ausgeladen.

Wir standen mutlos an der Straße, da rief meine Mutter plötzlich aufgeregt: »Schaut mal, da kommt unser Auto!« Solch einen Audi hatten zu der Zeit nicht viele Leute. Wir winkten aufgeregt, doch das Auto fuhr an uns vorbei.

Mutlos schleppten wir uns zum nächstgelegenen Bahnhof, meine Mutter trug den kleinen Hermann, der fieberte, auf dem Arm. Sie löste Fahrkarten nach Berlin für uns, Erster Klasse, um einigermaßen bequem sitzen und die Fahrt einigermaßen ruhig fortsetzen zu können. Doch weit gefehlt.

Als wir zum Bahnsteig kamen, war dieser voller Flüchtlinge. Großes Chaos, und kein Zug weit und breit. Wir setzen uns in einen Wartesaal. Plötzlich kam ein Offizier herein, winkte meine Mutter zu sich, und wir folgten ihm. Als andere Flüchtlinge das sahen, liefen sie uns nach.

Draußen stand ein Güterzug. In dem Abteil, in das wir eingewiesen wurden, saßen zwei Soldaten, die ein kleines Öfchen heizten, daran erinnere ich mich genau. In einer Ecke waren Fahrräder der Kavallerie aufgestapelt, denn die Kavallerie hatte zum Ende des Krieges keine Pferde mehr, sondern musste mit Fahrrädern in den Kampf ziehen!

Die Soldaten wiesen uns einen Platz in einer Ecke zu; schnell drängten sich andere Flüchtlinge herein. Alle wollten weg, und im Nu war der Waggon gesteckt voller Menschen. Man bekam kaum mehr Luft, so stickig war es.

Endlich fuhren wir los. Der Zug hielt immer wieder an, mal auf Bahnhöfen, mal im Gelände, immer wieder dröhnten Tiefflieger über uns und wir hörten Gewehrsalven.

Meine Mutter saß wie eine Glucke um uns herum, versuchte, uns zu beschützen und zu beruhigen. Gottlob hatte sie über ihrem Wintermantel noch einen Pelz an, mit dem deckte sie uns zu, vor allem die Kleinen.

An einem Bahnhof drängte sich weinend ein Mann herein und schluchzte: »Gerade haben die Russen meine Mutter am Bahnsteig erschossen!« Doch niemand reagierte, alle waren abgestumpft von der widrigen Fahrt, jeder schien mit sich selbst beschäftigt und sah bloß zu, wie er mit der Situation fertigwurde.

Wir hatten kaum etwas zu essen oder zu trinken. Wenn der Zug hielt, brach mein Bruder Eiszapfen von draußen am Zug ab, damit wir wenigstens etwas zu lutschen hatten. Ich weiß noch, dass ich mich einmal auf den Boden übergeben musste.

Es war eine schreckliche, chaotische Fahrt.

Irgendwann gab es ein schreckliches Rums, unser Zug hielt. Er war auf einen anderen Zug aufgefahren und konnte nicht mehr weiter. Jetzt mussten wir alle aussteigen. Das war in Pommern, noch weit weg von Berlin.

Nach langem Warten in der Kälte wurde ein Personenzug eingesetzt, und meine Mutter kämpfte sich rigoros mit uns im Schlepptau durch die Menge der Flüchtlinge nach vorne, um einen Platz zu ergattern. Es waren fast nur Frauen mit Kindern und Alten unterwegs, die meisten Männer waren an der Front.

Ein Mann drängte meine Mutter weg und wollte vor ihr einsteigen. Da habe ich zum ersten Mal gesehen, dass Mutter zuschlug. Sie versetzte ihm in ihrer Rage eine kräftige Ohrfeige. Der Fremde war so verdutzt, dass er uns einsteigen ließ.

Wir fanden Plätze in verschiedenen Abteilen, was Mutter sehr beunruhigte, denn sie wollte ihre Kinderschar zusammenhalten.

Was dann weiter geschah, weiß ich nicht mehr, ich erinnere mich vage, dass eine Frau sogar ein Kind während der Fahrt bekam. Nach mehreren Tagen fuhren wir endlich in Berlin ein. Damit wäre eigentlich unsere Flucht zu Ende gewesen, Berlin und die

Wohnungen der Tanten waren unser Ziel. Trotz dieser schrecklichen Flucht hatten wir noch Glück im Unglück gehabt.

2,4 Millionen Menschen flohen im Frühjahr 1945 aus Ostpreußen, 300.000 von ihnen verloren dabei ihr Leben unter elenden Bedingungen. Wir lebten immerhin noch alle!

In Berlin wohnte eine Schwester meines Vaters; dort war der Treffpunkt mit ihm vereinbart.

Meine Mutter war überglücklich, als wir bei der Tante ankamen. Endlich in Sicherheit und mit unserem Vater vereint, dachte sie.

»Wo ist Bruno?«, fragte sie die Tante.

»Bruno? Der ist nicht gekommen«, gab diese zurück.

»Aber das kann nicht sein! Wir waren so lange unterwegs, er müsste längst hier sein!« Meine Mutter war verzweifelt, konnte es nicht fassen, befürchtete das Schlimmste.

Die Wohnung meiner Tante lag in Charlottenburg. Berlin war zu der Zeit extrem unter Beschuss und Bombardement. Mehrmals am Tag heulten die Sirenen, und wir mussten in den Luftschutzkeller.

Meine Mutter hatte einen Zusammenbruch erlitten, als sie hörte, dass Vater nicht angekommen war. Sie hatte so sehr auf ihn gehofft. Bei den Fliegeralarmen musste sie in den Keller getragen werden, konnte kaum mehr laufen.

Auch der kleine Hermann war krank. Einmal kam er morgens ans Bett meiner Mutter und weinte: »Heute Nacht war Papa da und hat nach dir gerufen.

Aber du bist nicht gekommen!« Meine Mutter nahm ihn in den Arm und weinte mit ihm, wir anderen auch.

Meine ältere Schwester, mein jüngerer Bruder und ich waren nun überwiegend für die Familie zuständig. Wir fuhren in Berlin herum, versuchten, Lebensmittelkarten zu bekommen, und Bezugsscheine für Kleidung. Inzwischen hatten wir nichts mehr als unsere kleinen Rucksäckchen.

Die Wohnung meiner Tante war nicht groß, meine Schwester und ich konnten bei Nachbarn schlafen, aber auch das ging mehr schlecht als recht. Das Haus stand an einer großen Straße, der Chausseestraße, dahinter standen ausgebombte Häuser. Dort kamen wir dann in zugigen Zimmern unter.

Die Berliner waren großartig zu uns. Sie brachten uns Kinderkleidung, auch für meine Mutter etwas zum Anziehen, denn wir hatten ja nichts mehr.

Meine Mutter wurde krank, sie war völlig erschöpft von der Flucht und der Sorge um meinen Vater, sie litt mehr als wir alle unter den täglichen Bombenangriffen. Am liebsten wäre sie gar nicht mehr in den Keller gegangen.

Als es ihr wieder etwas besser ging, kamen auch die Lebensgeister zurück. Es war abzusehen, dass der Krieg verloren war, und alle hatten Angst vor den Russen, die bald Berlin erreichen würden.

»Wir müssen weg von hier«, entschied sie. »Wir sind nicht von zu Hause geflüchtet, um dann den Russen in die Hände zu fallen.«

Doch wohin sollten wir?

Zuerst zogen wir raus zum Wannsee, zu einer anderen Schwester meines Vaters, wo mehr Platz war. Wir fuhren mit der S-Bahn, die noch funktionierte.

Eines Tages war Mutter mit einigen von uns Kindern vom Wannsee zum Alexanderplatz unterwegs. Da heulten wieder die Sirenen, Fliegeralarm! Wir liefen zur Deckung zu einer Unterführung. Da hörten wir schon die Bomber nahen.

»Wenn die jetzt bombardieren, ist das unser letzter Tag«, sagte meine Mutter leise. »Dann ist alles vorbei!« Wir hatten Todesangst, drängten uns eng zusammen.

Die Bomber ließen jedoch ihre tödliche Fracht nicht über Berlin fallen, sondern flogen weiter. Wir hatten Glück, andere, auf die die Bomben fielen, wiederum nicht.

Endlich hatte Mutter alle erforderlichen Papiere für eine Einquartierung beisammen, wir konnten Berlin verlassen.

Auf der Flucht hatte uns anfangs eine Bekannte meiner Mutter begleitet, die einen großen Münzkoffer bei sich trug, den sie unbedingt retten wollte. Ihr Mann war Studienrat gewesen, musste aber in Heilsberg zurückbleiben, wie mein Vater. Während der Flucht nach Berlin hatten wir die Frau aus den Augen verloren. Doch wir wussten, dass sie nach Rotenburg an der Fulda wollte, und so fuhren auch wir dorthin. Man hat auf der Flucht stets Adressen hinterlassen, damit man für den Notfall Anlaufstellen nutzen konnte. Die Adresse dieser Frau war unser einziger Anhaltspunkt im Westen, wir kannten sonst niemanden. Aber meine Mutter mit ihren sieben Kindern war dort nicht willkommen.

»Sie können hier nicht bleiben«, erklärte die Frau energisch nach unserer Ankunft. »Sehen Sie zu, dass Sie bald irgendwo eine Einquartierung bekommen.«

So zogen wir nach wenigen Tagen weiter, meine Mutter hatte Papiere für eine Einquartierung in einem Ort namens Ulfen bekommen.

Zuerst ging es mit dem Zug nach Bebra. Dort mussten wir wegen eines Fliegerangriffs aussteigen, eine Nacht in einem Keller verbringen und konnten erst am nächsten Tag nach Gerstungen weiterfahren. Dort sollten wir mit einem Wagen nach Ulfen abgeholt werden. Doch der Wagen kam nicht.

Meine Mutter befiel erneut die Angst vor den Russen und vor den Amerikanern, die bereits aus dem Westen anrückten. Wir waren zwischen die Fronten geraten.

»Kommt, Kinder, wir gehen zu Fuß nach Ulfen! Wir müssen weg von hier!« Das Gepäck mit den Sachen aus Berlin, die wir mit Bezugsscheinen gekauft und von Nachbarn geschenkt bekommen hatten, ließen wir am Bahnhof zurück.

Es war Karfreitag 1945, daran erinnere ich mich genau. Der Weg nach Ulfen, einem kleinen Bauerndorf, das ungefähr fünfzehn Kilometer von meinem heutigen Wohnort Eschwege entfernt ist, war weit. Trotzdem machten wir uns auf, die Kleinen halb tragend. Irgendwann kam uns, gottlob, der Wagen entgegen, der uns in Gerstungen hatte abholen sollen. Meine Mutter bat den Fahrer, das Gepäck in

Gerstungen abzuholen, doch der meinte, das hätte am nächsten Tag auch noch Zeit.

In Ulfen wollte oder konnte niemand so eine große Familie aufnehmen. So wurden wir erst in verschiedene Häuser aufgeteilt. Mutter war besorgt, da sie nicht mehr all ihre Kinder unter ihren Fittichen hatte.

Am nächsten Tag, dem Ostersamstag, kam der Bürgermeister und wies uns in den leer stehenden Kindergarten von Ulfen ein.

Das war ein großer Raum in einem alten Fachwerkhaus, dazu eine kleine Küche. Das alles kam uns sehr notdürftig und baufällig vor, aber wenigstens waren wir wieder zusammen und hatten ein Dach über dem Kopf.

Die Kleinen konnten in den Kinderbettchen schlafen und an den kleinen Tischchen sitzen, zur Toilette musste man raus ins Freie. Auch die Waschgelegenheit stellte ein Problem dar. Dabei waren wir von der langen Fahrt verschmutzt und voller Läuse.

Schnell hatte sich in dem kleinen Ort herumgesprochen, dass eine Frau mit sieben Kindern angekommen war. Die Bauern gaben sich sehr nett, brachten Strohsäcke für uns Große zum Schlafen, auch Essen und Lebensmittel.

Wie meine Mutter es schaffte, uns alle zu versorgen, ist mir heute noch ein Rätsel. Sie war eigentlich eine verwöhnte Dame, hatte zu Hause Dienstmädchen und von Kochen oder Haushaltsführung nicht viel Ahnung. Allein das Anheizen des Ofens fand sie schwierig, oft qualmte die ganze Bude bei ihren vergeblichen Versuchen, Feuer zu machen. Die Wäsche und die fehlende Toilette stellten die größten Herausforderungen dar.

»Wenn man muss, kann man alles!«, sagte sie später oft, wenn wir über diese Zeit sprachen.

Am Ostersonntag, kaum waren wir im Kindergarten eingezogen, kamen die Amerikaner. Sie verlangten, dass wir den Kindergarten räumen sollten, sie wollten ihn selbst als Quartier nutzen. Mein kleiner Bruder war wieder einmal krank, hatte Fieber, doch es half nichts, wir mussten raus und wurden wieder auf verschiedene Quartiere aufgeteilt.

Der Fahrer war am Samstag zum Bahnhof nach Gerstungen gefahren, um unser Gepäck abzuholen. Doch inzwischen hatten die Amerikaner ein Gefangenenlager in der Nähe geöffnet, und die meist polnischen Gefangenen strömten zum Bahnhof und nahmen alles mit, was nur tragbar war, auch unser gesamtes Gepäck.

Jetzt waren wir wieder so arm und mittellos wie bei unserer Ankunft in Berlin.

Nach Tagen durften wir wieder zurück in den Kindergarten. Die Ulfener hatten Mitleid mit der zarten Frau und ihren sieben Kindern und brachten nach und nach Möbelstücke, Betten, Geschirr und auch immer wieder Milch und Eier von ihren Höfen, halfen uns sehr über unsere größte Not hinweg.

Meine Mutter war oft krank, musste mit Venenentzündungen ins Bett. Es war wohl alles zu viel für sie, kein Wunder bei den Strapazen, die sie hatte aushalten müssen. Auch der kleine Hermann kränkelte in dieser Zeit viel.

Wir größeren Kinder arbeiteten bei den umliegenden Bauern, um etwas Lebensmittel für die Familie zu bekommen.

Heute denke ich oft voller Wehmut, wir hätten zu unserer Mutter viel lieber und netter sein sollen, statt an der immer gleichen Brotsuppe und anderen Dingen herumzumäkeln. Aber als Kind oder Jugendliche hat man noch nicht das Verständnis, ist egoistisch. Noch dazu kamen wir nach und nach in die Pubertät, was keine einfache Lebensphase ist.

Meine Mutter hatte es wahrlich nicht leicht, ich denke oft an sie.

Noch heute erstaunt mich, wie immer wieder Freunde und Bekannte aus der Heimat in dem Chaos der Nachkriegszeit zusammenfanden. Es war wie das Spiel »Stille Post«. Sobald man jemanden ausfindig gemacht hatte, erzählte man es weiter und so fort.

Ein riesiger Verdienst ist dem Roten Kreuz mit seinem Suchdienst anzurechnen. Immerhin spricht man von zwölf Millionen Flüchtlingen, die in alle Richtungen geflohen waren und versuchten, in der Fremde Familie, Verwandte und Freunde von früher wiederzufinden.

So fand uns auch Jahre später ein aus der Heimat befreundeter Gutsherr, der uns endlich über unseren Vater berichten konnte, auch wenn es eine schreckliche, endgültige Nachricht war. Er erzählte, dass bereits am nächsten Tag nach unserer Flucht die Russen nach Heilsberg gekommen waren.

Alle Männer, auch Frauen und Kinder, die zurückgeblieben waren, wurden zusammengetrieben und in einen Transport nach Sibirien verfrachtet. Die Kranken ließ man unversorgt zurück.

Wie viele Männer in Ostpreußen besaß mein Vater einen sogenannten »Schlittenpelz«, einen langen Pelzmantel, wie man ihn manchmal bei den Russen sieht. Einen solchen trug man zu den Schlittenfahrten im Winter, die seinerzeit sehr beliebt und ein Riesenspaß waren. Diesen Pelz hatte er angezogen.

Auf der Fahrt in den Güterwaggons brach unter den Männern Typhus aus. Mein Vater kümmerte sich um diese Kranken, so gut es eben ging.

»Es war bei Swerdlowsk«, erzählte der einstige Gutsherr meiner Mutter, »da hielt der Zug auf einem Bahnhof. Ihr Mann stieg aus, was nicht erlaubt war, um an einer Schwengelpumpe Wasser für die Kranken zu holen.« Seine Stimme begann zu zittern, als er leise sagte: »Da schlugen ihn die Russen mit Gewehrkolben nieder. Wir haben Ihren Mann noch in den Waggon gezogen, aber er ist seinen schweren Verletzungen erlegen.« Schluchzend fuhr er fort: »Ich habe ihm seinen warmen Pelz ausgezogen, er brauchte ihn ja nicht mehr. Dieser Pelz hat mir das Leben gerettet.«

»Wann ist er denn gestorben?«, fragte meine Mutter bang.

»Es war am 21. März, morgens vier Uhr, ich erinnere mich genau an den Tag.«

Es musste der Morgen gewesen sein, als der kleine Hermann sie geweckt hatte, weil der Papa in seinem

Traum angeblich nach ihr gerufen hatte und sie nicht gekommen war.

Mein Vater hatte im April 1944 seinen fünfzigsten Geburtstag gefeiert.

Das Krankenhaus in Heilsberg stand unter katholischer Leitung, und die Nonnen hatten für ihn eine Geburtstagsfeier ausgerichtet. Ich erinnere mich noch an die große Torte, die sie für ihn gebacken hatten. Mein Vater war ein bescheidener Mensch, der nie viel Wesens um sich selbst machte; ihm war die Feier zu seinen Ehren eher unangenehm gewesen.

An diesem Abend hatte er jedoch zu meiner Mutter gesagt: »Es war doch schön, du ich glaube, dies war mein letzter Geburtstag!« Er musste wohl eine Vorahnung gehabt haben, was ihm passieren würde.

Die endgültige Nachricht vom Tod ihres Mannes hat Mutter schwer getroffen. Selbst wenn sie vermutlich kaum noch daran geglaubt hatte, meinen Vater noch einmal zu sehen – die Hoffnung stirbt bekanntlich zuletzt. Nun wusste sie endgültig, dass sie für ihre sieben Kinder in Zukunft allein zuständig und verantwortlich war.

Es kam noch zu weiteren berührenden Schicksalen in unserer Familie und unserem Freundeskreis.

So hatte zum Beispiel der Assistenzarzt meines Vaters, der mit ihm den Weg nach Sibirien antreten musste und nicht mehr zurückkam, eine junge Frau mit zwei Kindern.

Ihre kleine Monika war noch ein Säugling und wurde im Dezember 1944 schwer krank. Sie mussten das Kind in ein Säuglingsheim geben.

Dann kam plötzlich der Aufruf zur Flucht. Meine »Tante« rannte zu dem Heim, um ihre kleine Tochter zu holen, doch die Kinder waren alle weg, bereits evakuiert, ohne die Eltern zu verständigen. Sie suchte jahrelang vergeblich nach ihrem Kind, über Bekannte, Freunde, das Rote Kreuz.

Ich lebte Jahre später einige Zeit bei ihr in Castrop-Rauxel, wohin es sie verschlagen hatte. Immer wieder sprach sie von ihrem Mädchen: »Jetzt wäre die Moni zehn Jahre alt, wo sie wohl ist, ob sie noch lebt?«

Sie fand Monika dann tatsächlich noch. Moni war inzwischen achtzehn Jahre alt – und das Kuriose daran: Sie war keine zwanzig Kilometer von ihrer Mutter entfernt bei Pflegeeltern aufgewachsen. Monika wollte allerdings nicht mehr zu ihrer leiblichen Mutter zurück, sie kannte sie ja nicht, war als Säugling von ihr getrennt worden. Bei den Pflegeltern hatte sie es gut gehabt. Das war ihrer Mutter ein Trost.

Wir lebten einige Zeit in Ulfen, arbeiteten bei den Bauern, um uns über Wasser zu halten.

Meine kleinen Geschwister gingen dort zur Volksschule, aber für uns Größere, die in Heilsberg ja schon zur Oberschule gegangen waren, gab es dort keine Möglichkeit.

Doch Mutter versuchte, auch für uns wieder eine passende Schule zu finden. Also zog meine größere Schwester zu den Tanten nach Berlin, ich ging erst Mal nach Eschwege.

Dort hatten wir Leute aus Heilsberg gefunden, die mich aufnahmen, und so konnte ich dort die Oberschule besuchen.

Für meinen Bruder Albrecht fand Mutter unter großen Schwierigkeiten ein Internat in Fulda und meldete ihn dort an. Als sie mit Albrecht endlich dort ankam, meinte der zuständige Pater ungehalten, sie wäre zu spät dran. Gerade vor fünf Minuten hätte er den letzten Heimplatz an einen anderen Jungen vergeben. Meine Mutter brach in Tränen aus, sie war unter großen Schwierigkeiten den langen Weg von Ulfen dorthingekommen.

Ein anderer Pater, der zufällig dazukam, hatte Mitleid mit ihr und besorgte Albrecht übergangsweise ein Zimmer bei Kostleuten in der Stadt, von wo aus er zur Schule gehen konnte. So war auch dieses Problem, wie so viele andere, gelöst.

Meine Mutter hat, das kann ich heute sagen, ihr tragisches Schicksal gut gemeistert. Sie war katholisch erzogen, aber nie sehr gläubig gewesen. Später in ihrem Leben war sie es, das mag ihr geholfen haben, ihr schweres Los zu akzeptieren.

Nach und nach gingen wir größeren Kinder aus dem Haus. Jedes von uns musste seinen Weg finden und fand ihn auch, obwohl uns die unbeschwerte Jugend mit all den vielen Möglichkeiten, die wir in der Heimat gehabt hätten, geraubt worden war. Wir alle mussten sehr früh lernen, uns alles zu erkämpfen.

Einen Bruder meines Vaters, Onkel Ernst, hatte es ins Emsland verschlagen und er bot meiner Mutter an, ihm mit den kleineren Kindern zu folgen, und sagte, er hätte eine Wohnung für sie an der Hand. Aber sie müsse sich schnell entscheiden, sonst wäre die Wohnung weg.

Mutter war wohl froh, wieder bei einem männlichen Familienmitglied leben zu können, doch im Nachhinein stellte sich der Umzug als Fehler heraus. Die »Wohnung«, die Onkel Ernst ihr besorgt hatte, entpuppte sich als zwei schäbige Zimmer in einem abgelegenen Bauernhof mit einer sehr unfreundlichen Bauernfamilie. Besser, sie wäre in Ulfen geblieben, und wir hätten uns alle in Eschwege versammelt.

Meine Mutter blieb nicht für immer im Emsland, sondern zog später nach Münster in Westfalen. Dort hat sie sich wohlgefühlt und Fuß gefasst. Sie bekam später eine kleine Rente und musste nicht mehr so sparen wie zu der Zeit nach der Flucht. Mein jüngster Bruder Hermann lebte bei ihr.

Zum Ende ihres Lebens zog sie zu meiner älteren Schwester Renate nach Bergheim bei Köln. Dort starb sie mit sechsundsiebzig Jahren.

Sie hat nie wieder geheiratet, blieb meinem Vater treu bis zu ihrem Tod.

Ich bin nach einem Aufenthalt in Zürich in der Schweiz wieder nach Eschwege gekommen, wo ich meinen Mann kennengelernt hatte.

Er war von der Schulbank weg eingezogen worden, machte nach seiner späten Rückkehr aus russischer Kriegsgefangenschaft im Jahr 1950 eine Banklehre. Erst als er seine erste Stelle gefunden hatte, konnten wir heiraten.

Wir waren fünfundsechzig Jahre verheiratet, bekamen einen Sohn und eine Tochter, die leider weit weg wohnen.

Auch meine Enkelkinder, drei Mädchen an der Zahl, die mir inzwischen zwei kleine Urenkelchen bescherten, wohnen nicht in meiner Nähe, doch wir sind in gutem Kontakt.

So lebe ich jetzt, nach dem Tod meines Mannes vor zwei Jahren, allein hier in unserem Haus.

In den Siebzigerjahren fuhr ich mit meinem Mann zum ersten Mal nach Heilsberg, das nun polnisch ist. Das Wiedersehen meiner früheren Heimat hat mich sehr bewegt. Ich ging die alten Wege entlang, viele Erinnerungen, glückliche und traurige, wurden wach, stimmten mich wehmütig.

Als ich in der Katharinenkirche saß, die ich als Kind oft besucht hatte, musste ich weinen, weil ich an meine frühere glückliche Kinderzeit dachte, die so schrecklich endete.

Später fuhr ich mit der ganzen Familie dorthin, ich wollte meinen Kindern die alte Heimat zeigen, von der ich oft erzählt hatte.

Heilsberg hatte sich natürlich im Laufe der Jahre verändert. Die schwer zerstörte Innenstadt war inzwischen wiederaufgebaut, wenn auch nicht so schön wie früher. Viele hässliche Plattenbauten waren entstanden.

Doch ich konnte ihnen vieles in der Altstadt zeigen: wo meine Großeltern gewohnt hatten, wo ich zur Schule gegangen bin, das ehemalige Krankenhaus, in dem mein Vater als Arzt gewirkt hatte. Wir konnten sogar unser früheres Haus besichtigen, das jetzt eine Musikschule ist. Das war sehr schön.

Je älter ich werde, umso öfter denke ich an die alten Zeiten zurück. Insbesondere jetzt, wo ich meine Lebensgeschichte erzähle, kommen viele Erinnerungen wieder hoch.

Oft denke ich an meine Mutter, die so jung, mit gerade mal vierzig Jahren, mit sieben unmündigen Kindern in eine ungewisse Zukunft fliehen musste, ihren Mann, unseren Vater, unter tragischen Umständen verlor und dennoch ihr Schicksal tapfer meisterte.

Mir ging es in meinem weiteren Leben gut, und ich habe das Glück und die Gnade, trotz meines Alters noch bei guter Gesundheit zu sein.

Mein Wunsch ist, dass meinen Kindern, Enkelkindern und Urenkeln solch schreckliche Zeiten, wie meine Generation sie in ihrer Jugend erleben musste, erspart bleiben mögen.

Anni – Eine Großfamilie auf der Flucht

Wenn ich heute – mit bald 90 Jahren – an meine frühe Kindheit zurückdenke, habe ich nur schöne Erinnerungen.

Meine Familie lebte in dem kleinen Dorf Dirschkenhof in Oberschlesien am Ufer der Oppa, einem kleinen Grenzfluss zur Tschechei.

Wir waren eine große Familie: Vater, Mutter und sieben Kinder – sechs Mädchen und ein Bub. Mariechen, Traudl, Bärbl, Anni, Kurt, Thea und Heidi wurden wir genannt.

Mein Vater, »Vatl« auf Schlesisch, war gelernter Maurer, arbeitete aber als Zugführer bei der Reichsbahn auf der Strecke Troppa-Berlin. Meine Mutter kümmerte sich um Haus und Garten und um uns Kinder. Auch der Großteil unserer Verwandtschaft und die Großeltern lebten in Dirschkenhof.

Nachdem der langersehnte Sohn Kurt geboren war, baute mein Vater ein schönes Haus. Meine Mutter hatte von den Eltern ein großes Grundstück am Ufer der Oppa erhalten, und dort errichteten sie das Heim für ihre große Familie.

Wir hatten, wie das auf dem Land so üblich war, Ziegen, Hühner, Gänse und Tauben, ja sogar ein Schwein wurde im Koben gefüttert. Auf dem Acker wurden Kartoffeln angebaut. So waren wir alle recht gut versorgt.

Im Januar/Februar wurde geschlachtet, und meine Mutter hat das Fleisch eingepökelt oder in Weckgläsern haltbar gemacht.

Zu den Tschechen am anderen Ufer pflegten wir ein gutes, nachbarschaftliches Verhältnis. Wir Geschwister spielten mit den tschechischen Kindern, badeten in der Oppa, stritten und vertrugen uns wie alle Kinder. Meine Eltern gingen oft zum Tanzen hinüber, hatten Freunde dort. Zu uns »Reichsdeutschen« unterhielten die Tschechen ein anderes Verhältnis als zu den »Sudetendeutschen«, die als ungeliebte Minderheit unter den Tschechen lebten.

Als der Krieg begann, betraf uns das erst noch nicht besonders. Vatl wurde als Bediensteter der Reichsbahn nicht eingezogen.

Er hatte schon 1921 in der berühmten Schlacht von Annaberg gekämpft, nachdem die Polen, die nach dem Ersten Weltkrieg bereits Niederschlesien erhalten hatten, sich auch noch Oberschlesien einverleiben wollten. Durch den Sieg bei Annaberg blieb Oberschlesien deutsch, erst nach dem Zweiten Weltkrieg wurde es polnisch und blieb es bis heute.

Unser schönes Leben änderte sich dramatisch, als die deutsche Wehrmacht nach anfänglichen Kriegserfolgen an der Ostfront eine Niederlage nach der anderen erfuhr. Die Front und somit »der Russe« rückten immer näher, und denen wollten wir auf keinen Fall in die Hände fallen. Flüchtlinge aus dem Osten waren bereits durch unsere Gegend gezogen, und sie hatten von schrecklichen Gräueltaten erzählt.

Auch wir mussten uns mit dem Gedanken an das Verlassen unserer Heimat vertraut machen. Vatl bereitete alles vor: Ein Bauer schenkte uns einen Wagen, Vatl baute ein Dach darüber und dichtete es sorgfältig mit Dachpappe ab, denn meine zwei ältesten Schwestern, die bereits verheiratet und deren Männer an der Front waren, hatten kleine Kinder. Mariechen ihre neunmonatige Tochter Ute, Traudl hatte gerade entbunden, die kleine Elke war erst neunzehn Tage alt! Sie und die kleineren Geschwister sollten im Trockenen transportiert werden.

Der Wagen wurde mit Lebensmitteln, Eingemachtem und Koffern beladen und ein Pferd, die Lotte, angespannt.

Am 23. März 1945, nachts, fuhren wir in einem Treck mit anderen aus Dirschkenhof los. Der Abschied von zu Hause fiel schwer, doch wir hofften,

Foto des Hauses.

bald wieder zurückkehren zu können, konnten uns nicht vorstellen, dass dieser Abschied endgültig sein würde. Doch es sollte ganz anders kommen.

In der ersten Nacht kamen wir nur fünf Kilometer weit, so viele Gefährte waren unterwegs, darunter auch Soldaten der Wehrmacht, in einem heillosen Durcheinander.

Wir übernachteten in der Kälte im Stroh neben der Straße, eng zusammengekuschelt. Für uns Kinder war es anfangs noch ein Abenteuer, doch wie es in Muttl und Vatl aussah, daran dachte ich damals noch nicht. Sie hatten alles, was sie besaßen, zurückgelassen.

Unser Ziel war Mährisch Schönberg im Sudetenland, im Altvatergebirge, wo Muttl Verwandte hatte. Deshalb trennten wir uns vom Dirschkenhof-Treck und fuhren auf eigene Gefahr allein weiter. Nach mühevoller wochenlanger Fahrt erreichten wir den Ort, doch zu unserem Entsetzen waren die Russen bereits da. Als wir die Geschütze hörten, versteckten wir uns im Keller eines Hauses, doch die Russen spürten uns auf. »Raus, alles raus!« Mit erhobenen Händen stiegen wir ins Freie, voller Todesangst. Was würde mit uns geschehen? Würden sie uns alle töten oder verschleppen?

Doch sie forderten zu unserer Überraschung nur, wir müssten wieder zurück, dorthin, wo wir hergekommen seien. Unser Traum, bis zu den Amerikanern durchzukommen, war geplatzt.

Es war ein mühevoller Rückweg. Wir wurden immer wieder von den Russen beklaut, sie rissen die Koffer vom Wagen, nahmen uns das letzte Fahrrad.

Foto der Familie.

Sie waren besonders scharf auf die Uhren, doch Vatls goldene Taschenuhr fanden sie nicht in ihrem Versteck. Diese Uhr sollte später noch eine traurige Rolle spielen.

Endlich kamen wir wieder in Dirschkenhof an, auch der Treck war wieder zurückgekommen. Es ist unvorstellbar, wie wir unser Haus nach sechs Wochen Abwesenheit vorfanden: Die Russen und Polen hatten alles demoliert und alles, was wir versteckt hatten, gefunden und weggebracht oder zerstört und weggeworfen. Nichts war mehr zu gebrauchen, alles verdreckt, in den Einkochgläsern fanden wir sogar Kot.

Trotzdem waren wir glücklich, denn wir lebten noch, und das Haus machten wir wieder sauber und bewohnbar.

Ab und zu verirrten sich Russen in unser Dorf, denn die Kommandantur war nur zwei Kilometer entfernt. Mein Bruder Kurt mit seinen dreizehn Jahren streifte oft herum, und wenn er Russen sah, rannte er heim und warnte uns. Wir Frauen versteckten uns dann draußen in den Mais- und Kornfeldern, denn wir hatten viel von Vergewaltigungen durch die Russen gehört.

Eines Tages hieß es, die Russen zögen ab und die Polen übernähmen das Gebiet. Von da an begann für uns eine Leidenszeit: Es gab fast nichts mehr zu essen, schlimm, wenn zehn Mäuler gestopft werden müssen.

Vatl, als gelernter Maurer, wurde öfters von Bauern zu kleineren Arbeiten geholt, und Bärbl und ich schlichen uns heimlich über die Oppa hinüber nach Tschechien, um bei uns bekannten Bauern zu arbeiten und etwas Brot, Milch oder Butter heimzubringen. Ziemlich gefährlich, Grenzübertritt war strengstens verboten, und die Grenze wurde bewacht.

Eines Tages, es muss im Mai gewesen sein, sah Muttl vom Fenster aus, dass fünf polnische Milizen mit drei Männern aus dem Dorf, die sie vor sich hertrieben, auf den Hof kamen. Sie rief die kleine Thea und schickte sie zu Vatl, der bei einem Bauern arbeitete. Er solle schnell über die Oppa nach Tschechien fliehen, die Polen kämen, um ihn zu verhaften. Thea richtete es ihm auch aus, doch trotzdem kam mein Vater nach Hause.

Meine Mutter war entsetzt, als sie ihn sah, doch er meinte nur: »Warum soll ich mich verstecken? Ich habe nichts Böses getan!«

Die Polen befahlen ihm, sich fertig zu machen und für drei Tage Proviant einzupacken. Mein Vater tat, wie ihm befohlen. Ich sehe ihn heute noch vor mir: in seiner hellen Sommerjacke und mit dem Hut auf dem Kopf.

Er verabschiedete sich von uns allen, gab jedem von uns noch ein Bussl. Zum Schluss zog er ein zerknülltes Taschentuch aus der Hosentasche und gab es meiner Mutter: »Geh, Berta, gib mir noch ein frisches!« Dann wurde er abgeführt.

Als meine Mutter das Taschentuch unter Tränen öffnete, lagen darin Vaters goldene Taschenuhr und sein Ehering. Das war alles, was uns von ihm blieb; wir sollten ihn niemals wiedersehen. Den Polen hatte zur Verhaftung gereicht, dass er bei der Reichsbahn beschäftigt gewesen war, somit den Nationalsozialisten geholfen hatte. Was für ein Irrsinn!

Bärbl und ich arbeiteten immer noch bei dem tschechischen Bauern, schlichen uns heimlich über die Grenze. Eines Tages erwischten die Grenzer Bärbl im Fluss, schossen auf sie, und sie rannte in Panik zurück. Doch die Grenzer fingen sie ein und brachten sie auf die polnische Kommandantur.

Die Nachricht verbreitete sich wie ein Lauffeuer im Dorf, so hörte es auch meine Mutter. Sofort rannte sie zur Kommandantur.

Dort sagte man ihr, Bärbl würde zur Zwangsarbeit nach Polen verfrachtet. Mutter sank auf die Knie und bettelte den Offizier weinend und händeringend an, ihre Tochter freizulassen. Die Kleine wäre doch nur zum Arbeiten in die Tschechei gegangen, um Essen für uns zu holen.

»Wir haben hier in der Kolchose Arbeit genug«, schnauzte der Offizier sie an.

Doch Mutter weinte und bettelte so sehr, dass er sich doch erweichen ließ und Bärbl freikam.

Jetzt konnten wir nicht mehr in die Tschechei hinüber, sondern mussten auf der polnischen Kolchose arbeiten – hart und für wenig Lohn. Nun fiel das Essen noch karger aus als vorher.

Etwa Mitte August, während der Ernte, erfuhren wir, dass mein Vater, zusammen mit den anderen aus Dirschkenhof, am 2.8.1945, um 19 Uhr, verstorben sei. Sie waren nach »Laurahütte« in ein Bergwerk gebracht worden. Nur Gott weiß, was diese Männer durchgemacht haben, denn ein natürlicher Tod konnte es nicht gewesen sein, wenn sie am gleichen Tag und zur gleichen Stunde starben.

Jetzt erst berichteten uns Buben des Dorfes, dass sie damals, bei der Verhaftung, den Milizen und den Gefangenen zum nächsten Dorf nachgelaufen waren. Dort hatten sie gesehen, wie die Polen die fünf Männer in ein Gasthaus führten und dort mit Gewehren und Knüppeln so lange auf sie einprügelten, bis diese wie leblos am Boden lagen.

Die Buben waren voller Angst geflüchtet und hatten es niemandem erzählt. Erst jetzt rückten sie damit heraus.

Mein Vater war gerade einmal vierundvierzig Jahre alt und ein gesunder, fröhlicher Mensch, ein treu sorgender Familienvater gewesen, der nie einem Menschen etwas zuleide getan hatte.

Nun lag die ganze Last und Verantwortung für die große Familie allein auf Muttls Schultern.

Nachdem wir wussten, dass Vatl tot war, hielt uns nichts mehr in Dirschkenhof, obwohl wir Großmutter und andere Verwandten dort hatten.

»Fort, nichts wie fort, nichts mehr hören und sehen von hier«, weinte meine Mutter.

Doch wie sollte sie das bewerkstelligen – als Frau, allein mit sieben Kindern und zwei kleinen Enkelkindern? Noch dazu kam die Sorge um Hans und Gerhard, die Männer von Mariechen und Traudl, die immer noch an der Front harrten, und von denen man nicht wusste, was mit ihnen geschehen war.

Wir hatten zwei junge polnische Grenzer kennengelernt, wie genau, weiß ich nicht mehr. Sie brachten uns gelegentlich etwas zu essen mit.

Vermutlich haben wir ihnen leidgetan, immerhin bestand unsere Familie mit den zwei Kleinen und Muttl aus zehn Personen, lauter Frauen und Kinder. Den Grenzern vertraute Mutter an, dass wir fliehen wollten, hinüber zur tschechischen Seite. Die beiden meinten, wenn sie Dienst hätten, sollten wir es versuchen, sie würden uns nicht verraten. Es gab auf allen Seiten auch gute Menschen.

Wir packten das Nötigste und wateten nachts durch die Oppa, die nicht sehr tief war, hinüber in die Tschechei. Bärbl und ich kannten von unserer Arbeit drüben die seichteste Furt.

Die Kinderwagen, Gepäckstücke, den Reisekorb, Säcke aus Bettlaken, die Muttl genäht hatte – alles transportierten wir, hoch über den Köpfen erhoben, zusammen mit den kleineren Kindern hinüber auf die andere Seite.

Endlich waren wir alle sicher und unbehelligt drüben. Hätte uns eine Patrouille erwischt, wir wären alle erschossen worden. Mut gehabt, Glück gehabt!

In der Tschechei wurden wir wie Freunde empfangen, die Leute kannten den Vatl und die Muttl von deren früheren Besuchen dort.

Mutter ging gleich morgens zum Bürgermeister von Neplachowitz. Der fragte sie als Erstes: »Warum ist der Johann nicht zu uns gekommen? Er wäre bei uns sicher gewesen!«

Sie konnte nur verzweifelt den Kopf schütteln.

Wir bekamen ein großes Zimmer zugewiesen, und es ging uns gut. Man teilte uns dieselben Lebensmittelkarten zu wie den Tschechen, weil wir aus dem »Altreich« stammten. Die Sudetendeutschen, die noch in der Tschechei lebten, erhielten nur die halbe Ration. Die Tschechen hassten sie.

Wir lebten uns gut ein, vor allem brauchten wir keine Angst mehr zu haben, konnten ruhig schlafen. Manchmal sahen wir wehmütig ans andere Ufer der Oppa, wo unser Haus stand, aber eine Rückkehr war unmöglich. Die Polen hätten uns sofort verhaftet, wenn nicht Schlimmeres mit uns getan. Doch hier, in der Tschechei, wollten wir nicht bleiben, wir wollten keine Tschechen werden. Wir wollten in den Westen, nach Deutschland.

Wir hatten keinerlei Verwandtschaft dort, waren allesamt Oberschlesier. Doch Muttl erinnerte sich an eine frühere Schulkameradin, Emma Lange, die schon länger mit ihrer Schwester Milli im Westen lebte. Muttl hatte Emma zwar schon lange nicht mehr gesehen, doch deren Adresse in Vagen, in Oberbayern, hatte sie aufbewahrt. Das war unsere Anlaufstelle. Wo genau dieser Ort lag, wussten wir nur ungefähr.

Jetzt hieß es, Arbeiten und Sparen, damit wir das Geld für die Fahrt in den Westen zusammenbekamen. Jeder trug sein Scherflein bei, um Geld für unsere nun dritte Flucht zusammenzubringen.

Muttl betreute die Kleinen, Heidi, Ute und Elke. Thea und Kurt mussten in die tschechische Schule. Bärbl und Traudl verluden am Kreuzendorfer Bahnhof Zuckerrübensäcke, abends konnten sie sich kaum mehr bewegen von der schweren Arbeit. Mariechen arbeitete bei einem Bauern und ich als Putzmädchen am Bau in einem Schloss, das enteignet worden war und jetzt zu einer Schule umgebaut wurde. Wirklich eine brutal schwere Arbeit für mich mit meinen vierzehn Jahren!

Ich weiß heute nicht mehr, wann wir den Ort verließen und welche Stationen wir passierten, in dem Wirrwarr der Flucht verloren wir jegliches Gefühl für Zeit und Ort.

Jedenfalls fuhren wir mit der Bahn zuerst nach Prag. Die Züge waren unbeheizt, und am Bahnhof wollten wir uns in einem Wartesaal etwas aufwärmen, bis der Zug nach Eger ging. Als der Beamte hörte, dass wir Deutsche waren, warf er uns hinaus in die Kälte, trotz der kleinen Kinder.

Der nächste Halt, an den ich mich erinnere, war Eger, die Grenzstadt. Auch hier kamen wir nachts an, hatten keine Ahnung, wohin wir gehen sollten. Die Kleinen weinten und quengelten.

Da sah Muttl in einer Kirche ein Licht, und wir gingen hinein. Sofort wurden wir von Leuten umringt, gefragt nach dem Woher und Wohin. Als sie von unserer Flucht erfuhren, nahmen sie uns, je zwei und drei, mit nach Hause zum Übernachten.

Wir hatten uns für den nächsten Morgen vor der Kirche verabredet, um weiterzuflüchten, hinüber nach dem Westen, wie auch immer. Doch vor der Kirche erwartete uns zu unserem Schrecken die tschechische Miliz. Wir wurden verhaftet und in ein Lager gebracht. Ob uns jemand verraten hat, wissen wir bis heute nicht.

Gottlob wurden wir nicht getrennt und alle zehn zusammen in einen großen Raum mit Stockbetten gebracht. Die Verpflegung war karg, morgens eine dünne Kaffeebrühe und dünne Milch für die Kinder, dazu trockenes Brot, mittags eine magere Suppe. Nur am Sonntag gab es etwas Besonderes: Pellkartoffeln mit Margarine. Ach, war das köstlich!

Doch was nun? Sollte unsere ganze schwierige und gefährliche Flucht vergeblich gewesen sein?

Muttl gab nicht auf! Sie erfuhr von anderen deutschen Gefangenen, dass im Lager Schleuser waren, die, natürlich gegen Entgelt, Personen über die grüne Grenze brachten, um in Bayern Einreisepapiere zu besorgen.

Der Familienrat beschloss, dass Mariechen und Bärbl mit den Schleusern rübergehen und die Papiere organisieren sollten.

Ich erinnere mich, wie sehr wir um die beiden bangten. Ob sie wohlbehalten zurückkehren würden? Immerhin hatte Mariechen ihre kleine Ute bei uns zurückgelassen.

Wieder hatten wir Glück, oder hat uns Gott geholfen? Die beiden kamen nach Tagen mit Papieren für die ganze Familie zurück. Doch damit waren wir immer noch nicht drüben in der amerikanischen Zone.

Eines Nachts machten wir uns auf, mit den Schleusern über die grüne Grenze. Wie das alles ablief, weiß ich heute nicht mehr, ich war ja fast noch ein Kind. Das haben alles Muttl und die älteren Schwestern organisiert.

Aber ich erinnere mich, dass wir in der Dunkelheit über Wiesen, Wald und Äcker schlichen. Den großen Reisekorb und anderes Gepäck mussten wir irgendwann zurücklassen, und auch die große Milchkanne. Die schepperte zu laut, und die Schleuser wurden zunehmend nervös. Tagsüber versteckten wir uns, denn wir durften uns nur nachts vorwärtsbewegen.

Irgendwann gingen wir völlig erschöpft und verängstigt über eine Brücke und trafen dahinter auf einen Trupp amerikanischer Soldaten! Jetzt wussten wir, dass wir in Deutschland, in Sicherheit waren. Es kam uns wie ein Wunder vor! Wir waren überglücklich, umarmten uns, und die Tränen der Erleichterung und Freude strömten.

Die Soldaten waren sehr nett und hilfsbereit. Sie brachten uns in ein Haus, gaben uns zu essen und zu trinken, schenkten uns Schokolade und Kaugummi, der uns ganz unbekannt war.

Am folgenden Morgen fuhren sie uns zum nächsten Bahnhof. Muttl löste eine Fahrkarte bis Rosenheim. Nach tagelanger Zugfahrt über Schirnding, Nürnberg, München kamen wir endlich am Ziel an. Aber die lange Zugfahrt hatte uns nichts ausgemacht, wir befanden uns in Sicherheit, alles andere war egal.

Nach langer Zeit hörten wir wieder die deutsche Sprache, ein unbeschreiblich schönes Gefühl! Zu Hause in Schlesien hatten wir unsere Sprache nicht mehr in der Öffentlichkeit sprechen dürfen, die Polen hatten es bei Strafe verboten!

Ich weiß noch gut, wie wir in Rosenheim ankamen. Der Bahnhof war zerbombt, ein trauriger Anblick. Doch die Züge fuhren immerhin. Wohin nun?

Muttl hatte ausgekundschaftet, dass wir in einen Ort namens Bruckmühl fahren müssten, von dort aus würden wir irgendwie weiter nach Vagen kommen. Emma Lange hatten wir natürlich nicht kontaktieren können, es war damals nicht so, dass man überall Telefon hatte. Würde sie überhaupt noch dort leben, und wie würde sie reagieren, wenn plötzlich zehn Menschen vor ihrer Tür stünden?

Nun, am Bahnhof in Rosenheim, geschah etwas, was ich heute noch als Wunder bezeichne: In dem allgemeinen Wirrwarr versuchte meine Mutter, ihre Schar durch Rufe zusammenzuhalten: »Mariechen, Bärbl, wo seid ihr?«

Plötzlich eine Frauenstimme: »Berta! Bist du das?«

Wir fuhren herum, und da stand Milli, die Schwester von Emma Lange, nicht ahnend, dass wir geflohen und zu ihrer Schwester unterwegs waren. Es war reiner Zufall, dass wir uns trafen, und unglaublich, dass sie Mutter an der Stimme erkannt hatte. Welch ein Glück! Tränen der Erleichterung und der Wiedersehensfreude flossen!

Am 5.12.1945 kamen wir in Bruckmühl an. Wir konnten es nicht fassen: Hier sah alles ganz »normal« aus, keine zerbombten Häuser, es war mitten in der Vorweihnachtszeit, Häuser und Straßen waren weihnachtlich geschmückt, ein Nikolaus kreuzte unseren Weg! Die Menschen liefen geschäftig herum, kauften ein. Es wirkte auf uns wie im Märchen.

Der Osten war ausgeblutet, und hier sah es aus, als wäre nie Krieg gewesen! Wir waren der Hölle entronnen und im Himmel gelandet!

Milli führte uns vom Bahnhof Bruckmühl durch die tief verschneite Landschaft zu dem etwa drei Kilometer entfernten Vagen, zur Wohnung ihrer Schwester.

»Na, die wird schauen, wenn sie sieht, wen ich bringe!«, meinte sie verschmitzt.

Als Emma Lange auf unser Klingeln die Tür öffnete, traute sie erst wohl ihren Augen nicht. Da standen zehn erschöpfte, aber glückliche Menschen aus ihrer weit entfernten, früheren Heimat Oberschlesien.

Nach dem ersten Schreck meinte sie: »Kommt rein! Platz ist in der kleinsten Hütte!«

Ihre Wohnung bestand aus drei kleinen Zimmern, aber wir alle fanden Platz. Wir schliefen auf dem Sofa, in den Betten, auf den Stühlen, auf dem Fußboden. Egal wie, endlich in Ruhe!

Dann begann das Erzählen. Emmas Mann war noch an der Front oder verschollen, man wusste es nicht. Ihre kleine Tochter war 1944 mit fünf Jahren gestorben, so lebte sie allein hier in der Wohnung.

Wir erzählten von unserer Flucht und konnten ihr berichten, dass ihr alter Vater noch gelebt hatte, als wir Dirschkenhof vor Monaten verlassen hatten.

In Vagen verbreitete sich die Nachricht unserer Ankunft wie ein Lauffeuer, denn wir waren die ersten Nachkriegsflüchtlinge.

Der Bürgermeister wies uns am nächsten Tag einen großen Raum neben der Gastwirtschaft Kolb zu. Die Leute aus Vagen brachten uns Betten, Tische, Stühle und Geschirr, Essen und Lebensmittel – alles, was wir bitter benötigten, denn wir waren arm wie Bettler angekommen, hatten wir doch auf der Flucht unser gesamtes Gepäck verloren oder zurücklassen müssen.

Hier in diesem Raum, in dem wir nun zu zehnt lebten, feierten wir Weihnachten, froh, dass unsere Flucht glücklich zu Ende war. Emma hatte uns ein kleines Weihnachtsbäumchen gebracht, die Augen der Kleinen strahlten im Licht der Kerzen. Für uns alle war es das allererste Weihnachten in unserer neuen Heimat.

Jetzt erst vermissten wir unseren Vatl richtig, vorher war keine Zeit für Trauer gewesen, wir hatten in Angst und Schrecken um das tägliche Überleben kämpfen müssen.

Wir waren voller Dankbarkeit unserer tapferen Mutter gegenüber, die uns durch alle Wirrnisse der Flucht geführt hatte. Dass wir alle Strapazen gesund überlebt haben, verdanken wir ihrer Liebe, Umsicht und Tatkraft, ihrer unverbrüchlichen Hoffnung auf ein gutes Ende unserer Flucht. Das werde ich ihr nie vergessen!

Am 5.12. waren wir in Vagen angekommen, und am 19.12. fingen wir bereits an zu arbeiten. Wir mussten und wollten schließlich für unseren Lebensunterhalt sorgen.

Langsam normalisierte sich unser Leben. Die Kleinen gingen in die Schule oder in den Kindergarten, Traudl arbeitete bei einem Bauern, konnte uns so mit Kartoffeln und Milch versorgen, Mariechen, Bärbl und ich bekamen Arbeit in der großen Wolldeckenfabrik.

Ich wäre so gern auch zur Schule gegangen, denn mein letztes Schuljahr war wegen Lehrermangels ausgefallen. Doch das schien unmöglich, ich musste mithelfen, die große Familie zu ernähren. So wie mir erging es vielen Flüchtlingsmädchen.

Im Frühjahr 1946 fand uns mein Schwager Hans, der aus amerikanischer Gefangenschaft entlassen worden war, und er zog mit Mariechen und Ute in ein eigenes Zimmer.

1948 kam mein Schwager Gerhard aus russischer Gefangenschaft, und auch er, Traudl und Elke machten sich selbstständig.

Da waren wir nur noch zu sechst.

1946 kündigten Bärbl und ich den Arbeitsplatz, der Staub in der Wolldeckenfabrik hatte meine Lunge angegriffen. Wir wechselten in die Papierfabrik Steinbeis in Bruckmühl.

Der Besitzer, Herr Steinbeis, war ein einmalig guter Arbeitgeber, sehr sozial eingestellt. Zu unserer Erschwerniszulage, es war teils harte Arbeit, bekamen wir jeden Monat eine Tüte voll mit Nudeln, Stoff, Garn und anderen brauchbaren Sachen.

Nach drei Jahren habe ich aushilfsweise oben in der Villa als Hausmädel im Haushalt geholfen und die vier Steinbeis-Kinder mitbetreut. Auch die Frau Steinbeis war eine sehr liebe, fürsorgliche Frau. Da ist es mir gut ergangen.

1947 war ein entscheidendes Jahr für mich.

Bärbl und ich hatten uns einer Gruppe von jungen Leuten angeschlossen, die oft am Wochenende in den nahen Berge wanderten. Herr Steinbeis, der selbst ein begeisterter Bergsteiger war, stellte einen

Porträt als 16-Jährige.

Lastwagen zur Verfügung, und wir konnten, auf der Ladefläche sitzend, in die Berge fahren.

Da fuhren manchmal junge Burschen aus Bruckmühl mit. Einer von ihnen, er hieß Hans, stach mir gleich ins Auge. Er war ein ganz schlanker, sportlicher Typ mit dunklen Haaren. Aber ich war viel zu schüchtern, um ihn anzusprechen.

Einmal gingen wir auf die Kampenwand und rasteten unter dem Gipfel an der Steinlingalm. Da kam er zu uns und fragte, ob jemand Lust hätte, mit ihm auf den Gipfel zu gehen.

Die Bärbl meinte keck: »Die Anni möchte gerne mitgehen!« Ich wurde feuerrot.

»Na, dann komm!«, meinte Hans.

Wir gingen los. Der Weg zum Kampenwandgipfel ist recht felsig und steil und der Weg teilweise ausgesetzt.

»Geh nur voraus, ich pass auf dich auf«, meinte Hans. »Hab keine Angst, ich schau dir schon nicht untern Rock!« Damals hatten die Frauen noch Dirndlgewänder an, Hosen zu tragen wäre unschicklich gewesen.

Der Aufstieg war recht beschwerlich, aber endlich waren wir oben, der Hans hatte gut auf mich aufgepasst. Ich war stolz, dass ich es geschafft hatte.

»Und jetzt krieg ich ein Bussl dafür, dass ich dich da raufgebracht hab'«, meinte der Hans keck.

»Nein! Ein Bussl kriegst du nicht von mir«, wehrte ich verlegen ab. Mit so etwas hatte ich noch keinerlei Erfahrung.

»Gut, dann gehst eben allein runter!«, meinte er und stieg ein Stück hinab.

Oje, wie soll ich da allein runterkommen, fragte ich mich bang.

Doch Hans kam zurück. »Und? Krieg ich jetzt ein Bussl?«, fragte er.

Abermals schüttelte ich den Kopf. Da stieg er wieder ab. Doch nach einer Weile kam er zurück. Aber dieses Mal fragte er nicht mehr. Er packte mich, nahm mich fest in die Arme und drückte mir einen Kuss auf die Lippen.

Da war es um mich geschehen. Hand in Hand kamen wir auf der Steinlingalm an.

Zwei Jahre später, ich war 19, er 21 Jahre alt, haben wir geheiratet. Wir waren sechsunddreißig Jahre lang, bis zu Hans' Tod, glücklich verheiratet.

Zur Hochzeit ihres einzigen Sohnes kam seine Mutter, die jeden Tag trotz ihrer Gicht in die Kirche zum Beten ging, nicht. Mit einem Flüchtlingsmädel als Schwiegertochter war sie nicht einverstanden. Ihr Sohn, meinte sie, hätte etwas Besseres verdient!

Sie empfand nichts für Menschen, die alles verloren hatten: die Heimat, den Besitz, die Freunde, die Verwandten.

Hans und ich waren glücklich, bekamen eine Tochter und einen Sohn. Heute zähle ich stolz sechs Enkel und sieben Urenkel, die mir sehr viel Freude bereiten. So Gott will, werde ich noch Ururoma!

Leider hat mein Hans 1986 einen Schlaganfall erlitten. Ich habe ihn noch fünf Jahre lang gepflegt, bis zu seinem Tod 1991. Nun bin ich schon seit achtundzwanzig Jahren Witwe.

Ohne Sorgen wohne ich bei meinem Sohn und seiner Familie in dem Haus, das Hans und ich 1968 gebaut hatten, und bin noch sehr agil und gesund. Es ist gut so.

Meine Mutter hat für den Rest ihres Lebens hier in Bruckmühl gelebt, später bei meiner jüngsten Schwester Heidi. Muttl ist mit 87 Jahren gestorben, war zum Schluss leider sehr dement.

Oft denke ich dankbar an sie und daran, was sie alles erleiden und erleben musste. Dieser Generation von Flüchtlingsfrauen wurde wahrlich nichts geschenkt.

Wir mussten damals drei Mal flüchten: Erst in die Tschechei und zurück, dann über die Oppa wieder in die Tschechei und von dort nach Deutschland, nach Bayern.

Viele Bewohner unseres Dorfes, die die Flucht nicht geschafft hatten, wurden 1946, nachdem sie viel Leid, Grausamkeiten und Misshandlungen der Polen hatten erleiden müssen, vertrieben. Sie wurden in Viehwaggons verfrachtet und waren etliche Tage unterwegs bis nach Niedersachsen, wo sie in der Gegend von Herzberg/Osterode angesiedelt wurden. Dorthin kam auch unsere ganze Verwandtschaft einschließlich der Großeltern. Nur Mutter und wir Kinder landeten in Bayern, da wir geflohen waren.

Wir haben unsere Verwandten öfters in Osterrode im Harz besucht, Dorftreffen mitgefeiert. Einmal ist sogar die ganze Dorfgemeinschaft mit einem Bus, von Osterode aus, in die alte Heimat gefahren.

Inzwischen war ich mehrere Male drüben und habe auch unser altes Haus am Ufer der Oppa besucht. Der Mutter des jetzigen Besitzers war es nach unserer Flucht übergeben worden, so, wie alle Häuser damals an Polen gingen.

Ich muss sagen, die Familie, die jetzt in unserem Haus wohnt, pflegt es sehr, es war ein wirklich schöner Anblick. Wir fünf Schwestern sind überraschend bei ihnen aufgetaucht. Sie haben uns eingeladen zu Kaffee und Tee, haben uns ängstlich gefragt, ob wir wieder zurückkommen und das Haus zurückhaben wollten?

»Nein, um Gottes willen«, habe ich gesagt. »Wir haben es alle zu etwas gebracht, haben unsere Häuser in Bayern. Wir sind froh, dass Sie unser Elternhaus in Ehren halten.«

Da waren sie sehr beruhigt.

Ein weiteres Mal, als ich mit meinem Sohn und meinem Enkel Christian drüben war, sind wir auf meinen Wunsch hin nach Huta Laura-Siemianowice Śląskie in der Nähe von Krakau gefahren, wo mein Vater ermordet wurde. Ein Förderturm erinnert noch an das einstige Kohlebergwerk »Lauragrube«, in das er verschleppt wurde.

Zum Ort gehört ein deutscher Soldatenfriedhof. Knapp 32.000 deutsche Soldaten haben hier ihre letzte Ruhestätte gefunden. Große Steinquader mit eingeritzten Namen stehen dort. Etliche Bücher liegen auf, aber den Namen meines Vaters habe ich nicht darin gefunden.

Als wir über das Gelände gingen, sah ich Christian in der Erde graben.

»Was machst du da, Christian?«

»Ich schenke dem Opa meine Armbanduhr. Ich hab' sie hier vergraben als Dank dafür, dass er mir seine Taschenuhr vererbt hat.«

Diese Geste hat mich zu Tränen gerührt.

Auch wenn die schwere Zeit längst vorüber ist, so ist sie nicht vergessen. Je älter man wird, desto intensiver kommen die Erinnerungen. So geht es vielen Flüchtlingen und Vertriebenen.

»Heimat, da«, heißt es in einem alten schlesischen Volkslied.

Diese Lieder singen wir oft, wenn es wieder einmal ein Treffen der Schlesischen Landsmannschaft hier in Bruckmühl gibt. Noch gibt es diese Zusammenkünfte, doch die Teilnehmerzahl nimmt immer mehr ab.

Bald werden sie ausgestorben sein, die Oberschlesier, die Flucht und Vertreibung erlebt und erlitten haben. Vielleicht können wir mit unseren Erzählungen die Erinnerung wachhalten für die Jungen, die hoffentlich so etwas Schreckliches wie wir nicht erleben müssen.

Das wünsche ich mir und ihnen.

Eleonore –
Der Feuerhölle Dresdens entkommen

Ich verlebte meine frühe Kindheit in Grafing, damals noch ein Marktflecken im Umland Münchens. Meine Eltern Hans und Katharina waren musisch sehr begabt. Mein Vater war Organist und Chorregent, meine Mutter hatte in jungen Jahren in Dresden Gesang studiert. Ich hatte noch eine jüngere Schwester, die Gisela hieß.

Da es in Grafing keine höhere Schule gab, besuchte ich das St.-Anna-Lyzeum in München, am St.-Anna-Platz im Lehel. Dorthin zu gelangen erforderte eine längere und komplizierte Fahrt mit Dampfzug und Straßenbahn, es ging nicht so schnell und einfach wie heutzutage mit der S-Bahn.

Auch ich war musikalisch begabt. Ich erinnere mich, dass mein Vater mit mir, da war ich erst neun Jahre alt, in München in Konzerte ging, mir die Partitur auf den Schoß legte und ich mit dem Finger mitlesen musste. Wenn ich stockte oder falschlag, nahm er meine Hand und führte sie an die richtige Stelle im Notenbuch.

In den Ferien besuchte ich oft meine geliebten Großeltern mütterlicherseits in Dresden. Dort habe ich mich immer wohler gefühlt als zu Hause in Grafing und zog 1943 im Alter von fünfzehn Jahren zu ihnen nach Dresden, ging dort zur Schule. Im Gegensatz zu St.-Anna herrschte dort eine Großzügigkeit und eine Weltoffenheit, auch in künstlerischer Hinsicht, die mich begeisterte. Noch dazu war Dresden, das Elb-Florenz, eine wunderschöne Stadt mit vielen kulturellen Ereignissen.

Gelegentlich wohnte ich bei meiner Tante Elli, der jüngeren Schwester meiner Mutter, die Konzertpianistin war. Sie gab mir Klavierunterricht, was mir sehr gut gefiel.

Diese Zeit bleibt in meiner Erinnerung mein schönster Lebensabschnitt. Insgeheim hoffte ich, für immer in Dresden bleiben zu können, doch es kam alles ganz anders.

1944 befanden wir uns mitten im Krieg. Viele große Städte Deutschlands waren durch verheerende Bombardements der Amerikaner und Engländer verwüstet.

Die Dresdner sahen das für ihre Stadt unbegreiflich gelassen, konnten sich nicht vorstellen, dass ihre schöne Kulturstadt bombardiert werden könnte. Zudem wurde verbreitet, dass eine Tante des britischen Premierministers Churchill in Dresden wohnen würde. Dieses Gerücht hielt sich hartnäckig, mit dem Erfolg, dass eine gewisse Lässigkeit in der Bevölkerung bestand, wenn die feindlichen Fliegerschwärme mit ihrer tödlichen Fracht über Dresden hinwegflogen. Was für ein Trugschluss!

In der Nacht vom 13. zum 14. Februar 1945 übernachtete ich bei meiner Tante Elli und ihren beiden Kindern, dem fünfjährigen Volker und der

Familienfoto, Tante Elli, meine Großeltern und ich.

dreijährigen Uta. Zum Nachhausegehen zu meinen Großeltern war es zu spät geworden. In der Dunkelheit wollte mich meine Tante nicht allein unterwegs sein lassen, denn die Stadt war brechend voll mit Flüchtlingen aus dem Osten und Soldaten, die auf dem Weg zur Front waren. Es herrschte das reinste Chaos, selbst die Straßenbahnen in der Stadt mussten sich klingelnd vorsichtig durch die Menschenmassen drängen. Überall lagerten Flüchtlinge: auf den Straßen und Plätzen, an den Bahnhöfen, in den Elbwiesen oder im Großen Garten, einer Parkanlage in Dresden.

Meine Tante wohnte im dritten Stock eines Mietshauses, und wenn ich hinauf zur Wohnung wollte, mussten die Flüchtlinge, die sich im Treppenhaus niedergelassen hatten, zusammenrücken, damit ich durchkam.

Die Katastrophe begann in eben dieser Nacht des 13. Februar 1945 gegen dreiundzwanzig Uhr mit einem schrecklichen Brandbombenangriff der Engländer. Als die Alarmsirenen losjaulten, rannten wir voller Angst in den Keller. Ich nahm Volker an die Hand, Tante Elli trug die kleine Uta.

Der Keller war übervoll, neben den Hausbewohnern hatten dort viele Menschen von der Straße in Panik Zuflucht gesucht.

Mich, als Fünfzehnjährige (!), schickte jemand zum Ausspähen nach oben.

Ich schaute durch die weit offene Haustür hinaus. Der Himmel war taghell erleuchtet von den »Christbäumen«, wie man die Leuchtstäbe nannte, die an

Fallschirmen als Markierung für die nachfolgenden Bomberpiloten über den verdunkelten Städten abgeworfen wurden. Es war für mich trotz allem ein faszinierendes Schauspiel. Die Luft war erfüllt vom Knall der Raketen und dem Dröhnen der unzähligen Flugzeuge, die über Dresden flogen.

Ich rannte zurück in den Keller, berichtete atemlos: »Ich glaube, es ist vorbei! Der Himmel ist ganz hell erleuchtet von Christbäumen.«

Da sah mich eine der Frauen im Keller, die aus dem Ruhrgebiet stammte und dort schreckliche Fliegerangriffe erlebt hatte, mitleidig an. »Ach, Frollein, jetzt beginnt die Bombardierung erst. Damit haben sie die Stadt markiert, damit sie sie auch treffen!« So war es!

Wir litten Todesängste in diesem dunklen Keller, längst war der Strom ausgefallen. Die Leute schrien auf bei den Detonationen, die Kinder weinten.

»Was ist, wenn das Haus über uns einstürzt?«, fragte ich voller Angst einen Mann neben mir, als von der Kellerdecke Putz herabrieselte.

»Das stürzt nicht ein«, versuchte er, mich zu beruhigen, »und wenn, dann graben wir uns raus!«

Nach einer unendlich langen Stunde schien es draußen ruhiger zu werden. Jemand ging nach oben und meinte beim Zurückkommen mit belegter Stimme: »Es ist vorbei, kommt raus!«

Wir gingen nach oben. Unser Haus stand noch, aber rundherum waren Häuser getroffen und zerstört worden. Doch das Schlimmste war das Feuer. Die ganze Stadt, vor allem die Altstadt, brannte. Flammen schlugen meterhoch in den Himmel. Man hörte überall das Fauchen und Knistern und Knallen der Flammen.

In unserem Viertel waren viele Häuser beschädigt, aber es brannte nicht. Welch ein Glück für uns. Doch wie mochte es den Großeltern gehen? Wohl niemand in diesem flammenden Inferno würde das überleben.

Wir gingen in die Wohnung hinauf, gaben uns Mühe, die Kinder zu beruhigen und zum Schlafen zu bringen. Tante Elli rannte aufgeregt herum, packte die Dokumente und die Sachen, die wir für den schlimmsten Fall bereitgelegt hatten.

»Wir haben es überstanden, Eleonore«, meinte sie schließlich. »Lass uns versuchen, zu schlafen. Morgen sehen wir weiter!«

Doch an Schlaf war nicht zu denken, ich fand trotz meiner Erschöpfung keine Ruhe, dachte an die Großeltern und, wie es ihnen wohl ergangen war. Endlich nickte ich ein, da weckten mich heulende Sirenen. Es war ein Uhr morgens, am 14. Februar, als die Engländer den zweiten Angriff auf Dresden verübten.

Dieses Mal wurde die Stadt mit großkalibrigen Sprengbomben bis hin zu Zehnzentnerbomben torpediert. Sie entfachten durch ihren Druck einen verheerenden Feuersturm in der Altstadt. Was bisher noch standgehalten hatte, brach nun zusammen.

Unser Haus bildete mit drei anderen Häusern einen karreeförmigen Wohnblock. Im Innenhof waren die Bleichplätze für die Wäsche und ein Kinderspielplatz. In genau diesen Hof schlug eine Zehnzentnerbombe ein, die gottlob nicht explodierte, sonst wären wir alle getötet worden. Doch das Haus erzitterte und schwankte wie bei einem Erdbeben.

Die Rußklappen der Kamine sprangen auf, und Dreck und Ruß schossen in einer Druckwelle in die Räume. Alle Fensterscheiben barsten, noch heute habe ich das Rauschen und Klirren der herunterfallenden Glasscheiben im Ohr.

Wieder rasten alle runter in den Keller, voller Panik und Todesangst. Es erschien uns wie der Weltuntergang, und genauso war es für Dresden und die Menschen dort.

Als wir nach diesem zweiten Angriff aus dem Keller ins Freie mehr krochen als gingen, erfasste uns ein solch starker Luftzug des Feuersturms, der durch die Stadt raste, dass wir zu Boden gerissen wurden und uns gerade noch ins Haus retten konnten.

Nachdem wir auch diesen Angriff überstanden hatten und wieder in der Wohnung waren, sagte Tante Elli: »Nichts wie fort, so schnell es geht! Packen wir alles in den Kinderwagen und die zwei Kleinen dazu.«

»Aber wohin, Tante Elli?«, fragte ich verzweifelt.

»Hinaus nach Pirna. Ich habe mit den Großeltern ausgemacht, dass wir dort im schlimmsten Fall hingehen werden. Großvater kennt da Leute, bei denen wir unterkommen können! Zieh dich warm an, dort draußen wird es bitterkalt werden.«

»Soll ich nicht versuchen, zu den Großeltern zu gehen?«

»Bist du wahnsinnig? Die ganze Stadt brennt! Das wäre dein Tod!«, schrie sie mich entnervt an.

Es gab kein Wasser mehr im Haus, keinen Strom. Unten auf der Straße stand ein Hydrant. Ich ging mit Eimern hinunter, stellte mich in der Reihe der Wartenden an. Als ich endlich dran war, hörten wir von Weitem Sirenen, die vor einem neuen Angriff warnten. Die meisten Sirenen in der Stadt waren bei den Bombardierungen zerstört worden, einige wurden noch per Hand betrieben.

Voller Panik rannte ich nach oben in die Wohnung, hörte die Bomben fallen und die Minen jaulen, half Tante Elli, die Kinder in den Keller zu bringen. Hier erlebten wir den dritten Angriff auf Dresden, dieses Mal von den Amerikanern geflogen. Es war ein abgestimmter Plan zwischen den Westalliierten, nicht nur die Rüstungsbetriebe, sondern auch die großen Städte in Deutschland zu zerstören, um die Moral und den Kriegswillen der deutschen Bevölkerung zu brechen und die Kapitulation zu erzwingen.

Hamburg, Köln, Würzburg und das gesamte Ruhrgebiet waren so bereits dem Erdboden gleichgemacht worden, doch Dresden sollte ihr »Paradestück« werden – und das gelang ihnen.

Auch diesen Angriff überlebten wir im Keller in Todesangst, die wimmernden Kinder eng an uns gepresst.

Danach begann unsere Flucht aus Dresden. Mit Rucksäcken bepackt, den Kinderwagen schiebend, wagten wir uns ins Freie. Der Anblick ließ uns erzittern. Alles lag in Schutt und Asche. Durch den Rauch und die dichte Decke von Staub, die über der

154

Stadt lag, drang ganz gelegentlich hier und dort ein fahler Sonnenstrahl.

Wie wir, versuchten Tausende, zu flüchten, es kam mir vor, als würde ein Zug von Ratten die Stadt verlassen, so stumpf und grau bewegte sich die Menge. Tiefflieger jagten über unseren Köpfen hinweg, machten zusätzlich Jagd auf diesen Strom von halbtoten, verzweifelten Flüchtenden.

Die Menschen zeigten keinerlei Regung mehr, wie versteinert ihre Gesichter. Viele waren verletzt, hatten schwere Brandwunden, auch im Gesicht, das zur Fratze verzerrt war. Noch heute verfolgen mich diese Bilder gelegentlich im Schlaf.

Vor mir schlurfte eine Frau in Filzpantoffeln und einem langen, trotz der Kälte offenen Morgenrock dahin, die Gürtelbänder schleiften am Boden, und auf dem Kopf trug sie drei oder vier Hüte! Teilweise hatten die Leute nur Schlafanzüge an, schleppten sich in Hauspantoffeln dahin, manche trugen ihre toten Kinder auf dem Arm, konnten sie nicht loslassen. Wenn jemand stürzte, kümmerte das niemanden, jeder war damit beschäftigt, sich selbst in Sicherheit zu bringen. Aus allen Straßen und Ecken strömten die Menschen herbei zu diesem Zug der Verzweiflung und des Leids.

Hinter uns die tödlich getroffene Stadt, aus der immer noch Flammen zuckten und man gelegentlich das Bersten und Krachen einstürzender Gebäude hörte, vor uns der Treck der Verzweifelten. Diese Flucht aus Dresden werde ich nie vergessen.

Unser angestrebtes Ziel, Pirna an der Elbe, war ungefähr dreißig Kilometer entfernt, in Richtung tschechischer Grenze. Immer wieder mussten wir erschöpft eine Rast einlegen. Trotz der Kälte, der Winter 1945 war besonders eisig und hart, versuchten wir, uns warm zu halten, zusammengekauert mit anderen Flüchtlingen. Zu essen hatten wir fast nichts, und niemand konnte uns etwas abgeben. Jeder litt Not. Nur an genügend Milch für die Kinder hatten wir gedacht und hüteten die Milchflasche sorgfältig vor den anderen.

Je weiter hinaus wir kamen, umso ruhiger wurde es. Gelegentlich standen nun Leute an der Straße, die uns etwas zu essen gaben, vor allem den Müttern mit kleinen Kindern. Wie dankbar wir dafür waren!

Endlich, am nächsten Abend, kamen wir in Pirna an. Wir waren am Ende unserer Kräfte, versuchten, uns immer wieder Mut zuzusprechen, die weinenden Kinder zu beruhigen.

Das Haus, das wir suchten, lag ungefähr vier Kilometer außerhalb der Stadt. Es war bei unserer Ankunft voller Flüchtlinge. An jedem nur erdenklichen Platz saßen oder lagen sie, in Decken gehüllt, denn es war nur die Küche geheizt. Die Hausfrau nahm uns mit in die warme Küche, gab uns zu essen, zeigte uns einen Platz in einer Ecke. Wir waren gerettet, vorerst!

Eine Fremde umarmte mich mitleidsvoll. »Mädel, wie siehst du denn aus?«

Ich sah sie verwirrt und fragend an.

»Du bist ja ganz schwarz, wie ein Neger, voller Ruß. Komm, du musst dich erst mal waschen! Alle raus da!«, bestimmte sie resolut.

Dann stellte sie eine Schüssel mit warmem Wasser auf einen Schemel. Ich zog mich aus, wusch den Dreck und Ruß ab, der aus den Ofenklappen gekommen war.

Plötzlich erlitt ich einen Nervenzusammenbruch. Es erfasste mich ein Weinkrampf, es schüttelte mich, die Zähne klapperten aufeinander, ich dachte, sterben zu müssen. Erst als ich danach in einer Ecke bei Tante Elli und den Kindern lag, konnte ich mich wieder beruhigen und schlief ein.

In diesem Chaos von Flüchtlingen verbrachten wir die nächsten Tage. Es war bewundernswert, was die Hausleute und die Bevölkerung von Pirna und Umgebung an Fürsorge und Hilfe für uns, die hier Gestrandeten, vollbrachten.

Doch was war mit den geliebten Großeltern geschehen? Hatten sie dieses Inferno überlebt? Vor allem sorgten wir uns um die Großmutter, die körperlich behindert war. Nie könnte sie eine Flucht, wie wir sie von Dresden hierher nach Pirna hinter uns hatten, schaffen. Wir befürchteten das Schlimmste, vor allem, als wir von anderen Geflüchteten schreckliche Geschichten hörten: dass das wunderschöne Dresden völlig zerstört und die Frauenkirche nach den ersten Bombardements ausgebrannt und nach dem letzten in sich zusammengestürzt war. Wir hörten voller Entsetzen von fürchterlichen Katastrophen. Zigtausende von Menschen waren auf grauenvolle Art und Weise umgekommen, verschüttet, erstickt, verbrannt, zerfetzt worden. Auf dem Altmarkt, so erzählten sie, seien provisorische

Roste aus Eisenträgern angelegt worden, um die Toten darauf zu stapeln und mit Flammenwerfern zu verbrennen. Die Stadt war voll mit Leichen, überall, viele zusammengeschmort. Ganze Züge, Spitäler und Krankenhäuser voll mit Menschen waren ausgebrannt.

Nie wird geklärt werden, wie viele Opfer es gab, denn neben den Dresdner Einwohnern war die Stadt voller Flüchtlinge, die sich auf dem Weg nach Westdeutschland befanden. Die geschätzten Zahlen schwanken zwischen fünfundzwanzig- und fünfzigtausend Toten, von den vielen körperlich und seelisch Verwundeten, die ihr Leben lang unter den Folgen litten, nicht zu reden.

Nach einer Woche in Pirna – wir konnten es kaum fassen – kam Großvater mit Großmutter an, die in einem Handwagen saß, den er hinter sich herzog. Was sie gesehen und erlebt hatten, musste so schrecklich gewesen sein, dass sie nicht darüber sprechen konnten, nur stumm abwinkten, wenn wir danach fragten.

Nach zwei Tagen sagte mein Großvater: »Ich muss zurück in die Stadt! Ich bin eingeteilt worden, die Leichen dort einzusammeln. Soweit es noch etwas einzusammeln gibt«, fügte er bitter hinzu. »Sie müssen alle verbrannt oder verscharrt werden, sonst kommt es zu schrecklichen Seuchen.«

Noch heute sehe ich den alten Mann vor mir, wie er sich gebeugt auf den Weg zurück nach Dresden machte, in das noch immer brennende Inferno, um seine grausame Pflicht zu tun.

Tante Elli, die Kinder und ich blieben noch bis März in Pirna, dann machten wir uns auf den Weg nach Bayern, nach Hause in meinen Heimatort.

Es war ein unendlich weiter und mühevoller Weg, denn die Bahnstrecken rund um Dresden waren von den Alliierten größtenteils zerstört worden. Wir befanden uns auf einer albtraumhaften Irrfahrt in Gesellschaft Tausender anderer Flüchtlinge aus den Ostgebieten, die alle in den Westen wollten. So fuhren wir mit Gepäck und Kindern in überfüllten Zügen, teils in offenen Viehwaggons voll mit Flüchtlingen, Soldaten, Verwundeten unter heute kaum mehr vorstellbaren Entbehrungen dahin. Wir mussten über Eger und die Tschechei ausreisen, kamen endlich über Schwandorf wieder nach Deutschland zurück.

Wir durchlitten nach dem Inferno Dresdens zusätzlich eine Flucht, wie sie Millionen anderer Flüchtlinge aus der Tschechei, Schlesien, Ostpreußen und anderen besetzten Gebieten erleiden und erdulden mussten.

Ende März kamen wir nach vielen Strapazen endlich in Grafing an.

Der Empfang fiel anders aus als erwartet. Als mich meine Mutter sah, schlug sie die Hände über dem Kopf zusammen und rief: »Oh, mein Gott! Jetzt kommt ihr auch noch daher!«

Alle Häuser im Ort waren mit Flüchtlingen aus dem Osten oder mit Ausgebombten aus den Städten voll belegt, so auch mein Elternhaus. Kaum gelang es, dass Tante Elli, ich und die Kinder, immerhin die nächsten Verwandten, Platz fanden.

Alles drängte sich um die einzige Kochstelle in der Küche und im einzigen Bad mit Toilette des Hauses. Die Zustände waren schlimm, aber immerhin, wir waren in relativer Sicherheit, wenn auch hier immer wieder Tiefflieger nach Opfern suchten.

Noch herrschte Krieg, obwohl niemand mehr, vermutlich nicht einmal die überzeugtesten Nazis, an den Sieg glaubte.

Am 30. April beging Hitler in Berlin Selbstmord, entzog sich so der Rache der Sieger.

Am 8. Mai 1945 erfolgte die bedingungslose Kapitulation Deutschlands.

Kurz darauf begann der Zug der deutschen Kriegsgefangenen in die Lager. Auch durch Grafing wurden die erschöpften Soldaten getrieben oder auf Lastwagen gekarrt. Erwachsene durften nicht auf die Straße, wenn die Amerikaner einen Gefangenentransport durch den Ort führten, doch wir Kinder liefen hinaus.

Meine kleine Schwester und ich füllten Eimer mit Wasser, und ich fragte in meinem noch recht dürftigen Englisch einen amerikanischen Soldaten, ob wir den Soldaten Wasser geben dürften. Er nickte. Da reichten uns die Männer ihre Essgeschirre herab, und wir füllten sie mit Wasser.

Plötzlich hörte ich jemanden meinen Namen rufen: »Lore, Lore!« So nannte mich nur mein Vater! Dann sah ich ihn, wie er sich auf einer der offenen Ladeflächen durch die anderen Kameraden einen Weg zu mir bahnte. Ich gab ihm Wasser in sein Trinkgefäß.

»Spring runter, Papa!«, rief ich ihm zu.

Er schüttelte den Kopf. »Nein, das geht nicht. Ich tät' sofort erschossen werden!«

Was für eine Ironie des Schicksals! Unter Hunderten von Gefangenen traf ich ausgerechnet auf meinen Vater, und er wurde durch Grafing, keine hundert Meter von seinem Haus entfernt, in Gefangenschaft gebracht. Gottlob kam er nach kurzer Zeit aus dem Gefangenenlager in Erding zurück, nahm seinen Beruf als Chorregent und Organist wieder auf.

Er war ein begnadeter Musiker, bekam in späteren Jahren sogar das Bundesverdienstkreuz für sein Engagement im Dienst der Musik und des Chorgesangs. Die Stadt Grafing hat ihm zu Ehren einen Platz benannt, den »Hans-Eham-Platz«. Darauf bin ich stolz.

Die Nachkriegszeit war hart, zu der allgemeinen Not mussten die vielen Geflüchteten, die es hierhergeschafft hatten, integriert und versorgt werden.

1948 kam die Währungsreform, und plötzlich waren die Läden voll mit Konsumgütern, die man vorher bitter entbehrt hatte.

Ich hatte eine Lehre als Goldschmiedin begonnen, war nun achtzehn Jahre alt.

Unbedingt wollte ich meine Großeltern wiedersehen. Man wusste, dass die Versorgungslage dort noch schlechter war als bei uns daheim. Mit einer Sondergenehmigung – die benötigte man für die russische Zone, in der Dresden nun lag – kam ich auf sehr abenteuerlichen Umwegen mit so viel Gepäck voller Lebensmitteln, wie ich nur schleppen konnte, voran.

Ich musste in Etappen reisen. In Hof war meine Reise erst einmal zu Ende, dann schaffte ich es bis nach Chemnitz, überstand die russischen Kontrollen. Am Bahnhof in Chemnitz befand ich mich unter lauter russischen Soldaten, es ging nicht weiter. Es gab keine keine Möglichkeit, eine Nachricht an meine Großeltern zu schicken, die in Dresden auf mich warteten und sich um mich sorgten, und so fing ich völlig ratlos und verzweifelt an zu weinen. Da kam ein Bahnarbeiter auf mich zu.

»Mädel, was ist los? Warum flennste?«

»Ich muss nach Dresden, die Großeltern warten auf mich!«

»Nee, du! Hier kannste nich bleiben, das ist zu gefährlich für ein junges Mädel. Ich nehm dich mit zu unserer Baracke.«

Er bot mir seine Pritsche zum Schlafen an, wofür ich ihm ein paar Lebensmittel gab. Am Morgen weckte er mich, ich stolperte hinter dem Mann über endlos viele Gleise zu einem Zug nach Dresden, wo er sogar einen Sitzplatz für mich organisierte. So konnte ich froh und erleichtert die Reise fortsetzen!

Meine Großeltern waren überglücklich, als sie mich in die Arme schließen konnten. Mein ehemaliges Zimmer bei ihnen war längst beschlagnahmt für einen »Zimmerherrn«. So schlief ich bei meinen Großeltern im Bett, in der »Besucherritze«.

In der Nacht wachte ich von einem leisen Geräusch auf, hörte etwas klappern. Meine Oma flüsterte mir

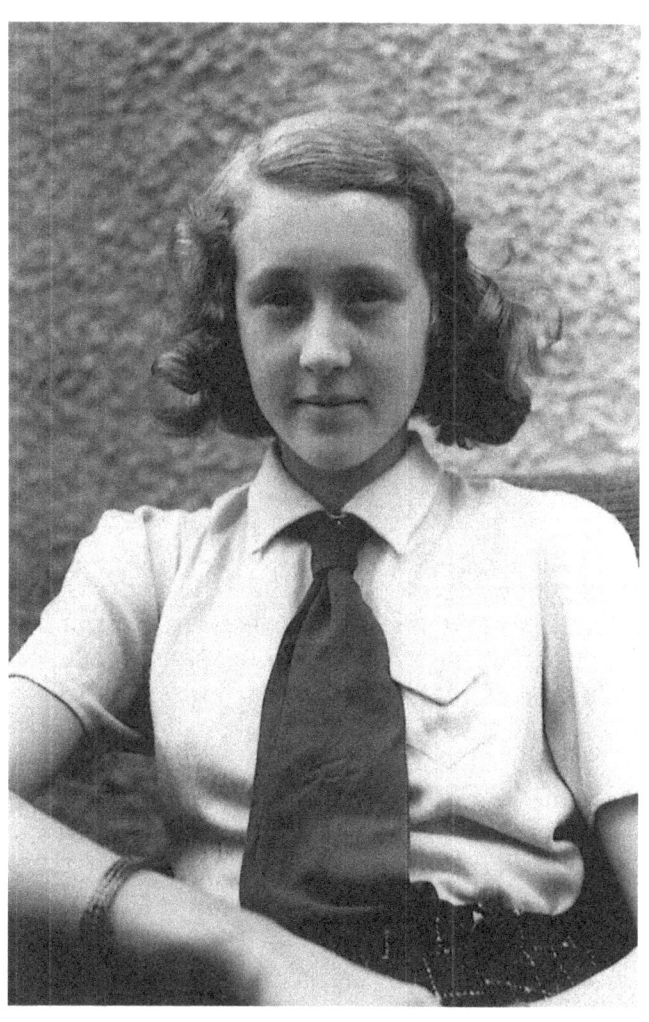

Porträtfoto von 1948.

ins Ohr: »Pscht, sag nichts! Das ist der Opa, der sich aus dem Schrank heimlich was zum Essen holt. Sei ruhig, er darf nicht merken, dass wir es wissen! Er isst ja nichts mehr, damit uns anderen was bleibt.« So war es, und bald darauf ist mein Großvater an Unterernährung und Schwäche gestorben.

Das zerstörte Dresden wiederzusehen, die einstmals traumhaft schöne Stadt, erschütterte mich zutiefst. Während in Westdeutschland bereits mit Elan mit dem Aufbau begonnen wurde, lag Dresden noch grau in Schutt und Asche. Auch unter den Menschen hatten sich Lethargie und Hoffnungslosigkeit breitgemacht. Nur die Natur ließ sich nicht aufhalten, aus den Ruinen spross das Unkraut.

Als ich über die von geschmolzenem Asphalt gewellten altbekannten Straßen und Plätze ging, die Ruine der Frauenkirche sah, die noch bis zum Beginn des Wiederaufbaus vierzig Jahre später als Mahnmal an die Schrecken des Krieges erinnerte, erfasste mich tiefe Traurigkeit.

Was hatte dieser sinnlose Krieg an Schrecken und Leid über die Welt und die Menschen gebracht!

Man kann nur wünschen und hoffen, dass die Menschheit aus dieser Katastrophe eine Lehre zieht, sich so ein Krieg für die folgenden Generationen nicht wieder ereignet.

Gertrud –
Enteignet, ausgewiesen und geflohen

Ich verlebte eine glückliche Kindheit auf unserem Rittergut Kleinhelmsdorf im Kreis Weißenfels an der Saale, der damaligen Provinz Sachsen, die heute Sachsen-Anhalt ist. Unser Gut lag am Ende der Dorfstraße des kleinen Bauerndorfes Kleinhelmsdorf mit etwa einhundertfünfzig Einwohnern. Es gab dort mehrere Handwerker, die zur damaligen Zeit wichtig waren, wie zum Beispiel einen Schmied, einen Tischler, einen Maler und Schreiner, einen Barbier, den nur die Männer besuchten, sowie einen Bäcker. Die Bäckersfrau betrieb einen Kolonialwarenladen, in dem man die wichtigsten alltäglichen Lebensmittel bekam, und die Schustersfrau verkaufte Kurzwaren. So war in dem kleinen Ort für alles gesorgt.

Im Unterdorf lag die Gaststätte mit der Poststelle und dem öffentlichen Fernsprecher, denn außer uns besaß zu der Zeit niemand ein eigenes Telefon.

Alle zweiundvierzig Kinder des Ortes besuchten die einklassige Dorfschule, saßen alle im selben Raum und wurden von einem Lehrer unterrichtet. So war das damals, fast eine ländliche Idylle.

Im siebzehnten Jahrhundert war unser Rittergut von der Adelsfamilie von Einsiedel, aus der Nähe von Meißen, als Jagdsitz erbaut und später zu einem

Landgut umgebaut worden. Es war ein stattlicher Vierkanthof mit einem großen Tor auf der Vorder- und Rückseite, innerhalb lagen die Ställe und Scheunen, das Gutsverwalterhaus sowie auch das Gutshaus.

Die Arbeiter des Gutes wohnten im Dorf in eigenen bescheidenen Häusern mit Garten und kleiner Viehhaltung.

Schon mein Urgroßvater hatte das Gut erworben und weitervererbt, zum Schluss erbte es mein Vater als erstgeborener Sohn. Es war zu meiner Zeit also bereits in der dritten Generation im Besitz unserer Familie.

Mein Vater hatte im Ersten Weltkrieg, noch als ganz junger Mann, bei der Marine gekämpft, sogar die berühmte Skagerrak-Schlacht, die größte Seeschlacht des Ersten Weltkrieges, mitgemacht und überlebt. Nach dem Krieg studierte er Landwirtschaft, übernahm den Gutsbetrieb, war aber immer der Marine treu geblieben. So wurde er als Reserveoffizier gleich bei Ausbruch des Zweiten Weltkrieges eingezogen und als Korvettenkapitän eingesetzt.

Im September 1944 erhielt meine Mutter die schreckliche Nachricht, dass sein Schiff in der Ägäis im Hafen von Samos beschossen worden und mein Vater mit dem Schiff untergegangen war. Nun stand sie mit vier Kindern allein da – drei Mädchen und einem Jungen, namentlich mit Karin, der Kleinsten, mit Ilse, mir und meinem zwei Jahre älteren Bruder Ulrich.

Schon von Kriegsbeginn an musste meine Mutter das Gut allein mithilfe meiner sehr patenten

166

Großmutter sowie den Helfern und Arbeitern auf dem Gut bewirtschaften. Großvater war zu der Zeit bereits verstorben. Allen voran half der treue Hofmeister Hoppert ihnen, der schon bei meinem Großvater in Diensten stand.

Die Kriegszeit überstanden wir ziemlich unbeschadet, wir brauchten weder zu hungern noch zu frieren und erlebten keine schweren Luftangriffe.

Doch ab April 1945 änderte sich alles: Nach den Osterferien kehrte ich ins Internat nach Droyßig zurück, welches ich zu der Zeit besuchte. Dort wurde mir gesagt, dass sich alle Schülerinnen nach Hause begeben müssten, nur die Mädchen, deren Heimat bereits im Bereich der russischen Front läge, könnten bleiben.

Foto des Ritterguts Kleinhelmsdorf.

Bereits am nächsten Tag holte mich der alte Propwara, ein Arbeiter vom Hof, mit dem »Soldaten« ab, einem alten Gaul, den wir im Tausch gegen unsere guten Pferde, die wir hatten abliefern müssen, bekommen hatten.

Zu Hause angekommen, herrschte große Aufregung. Die Front der Amerikaner rückte von Westen her immer näher, wir hörten schon von Weitem das Artilleriefeuer, aber wussten nicht, wie sich die Amis verhalten würden. Für uns waren sie der Feind.

Wir verfrachteten vieles in die Keller, Pistolen und Munition wurden in den Kellerhälsen, Aussparungen in den Kellergewölben, eingemauert.

Als die Amis heranrückten, begaben sich alle Bewohner des Hauses in den »Milchkeller«, ein Gewölbe, das als Luftschutzkeller eingerichtet worden war. Außer meiner Mutter, meiner Großmutter und meinen beiden Schwestern Ilse, die zwölf und Karin, die fünf Jahre alt war, befanden sich noch dreizehn andere Frauen mit ihren Kindern bei uns.

Ich selbst, damals sechzehn Jahre alt, ging nicht in den Keller, war es gewohnt, draußen zu sein. Schon im Internat war ich bei der Feuerwehr gewesen, hatte Kontrollgänge gemacht, um Blindgänger zu finden. Ich hatte keine Angst und fühlte mich draußen sicherer als im dunklen Keller mit den anderen.

Um unser Dorf vor Kampfhandlungen zu bewahren, hatten die Einwohner von Kleinhelmsdorf vor dem Eintreffen der amerikanischen Truppen weiße Tücher an ihren Häusern aufgehängt. Auch wir wurden aufgefordert, dies zu tun, aber meine

Großmutter weigerte sich, und auch ich hätte es als Schande und Demütigung empfunden.

Am 12. April 1945 kamen die ersten amerikanischen Soldaten als Vorhut auf den Hof. Sie sahen wild aus mit ihren schwarz beschmierten Gesichtern. Zwei von ihnen kamen auf mich zu und fragten, ob wir irgendwo Munition oder Waffen hätten. Ich verneinte beides. Erst später erinnerte ich mich, dass in der untersten Schublade von Vaters Schrank noch eine Pistole mit Munition lagerte und außerdem der lange, goldene Schleppsäbel seiner Marine-Ausgehuniform.

Nachts, als es dunkel war, schlich ich mich verkleidet aus dem Haus und versenkte die Pistole in einem der Teiche hinter dem Haus, den Schleppsäbel ebenfalls zu versenken, brachte ich nicht übers Herz. Ich versteckte ihn ganz unten in der großen Mottenkiste. Er wurde später doch noch gefunden und konfisziert, eines der wenigen Erinnerungsstücke an meinen Vater.

Sie fragten auch, ob wir Brieftauben hätten. Das verwunderte mich sehr, doch offensichtlich vermuteten sie, wir würden mithilfe der Tauben möglicherweise unerlaubte Nachrichten verschicken.

Am nächsten Morgen rückte die Meute der Besatzer an. Sofort beschlagnahmten sie unser schönes großes Gutshaus als Quartier. Wir mussten mit allen Bewohnern das Haus verlassen. Ich erreichte mit meinem Schulenglisch immerhin, dass wir alle im Haus von Hofmeister Hoppert Unterschlupf finden konnten, welches innerhalb des Hofes lag. Da hausten wir beengt mit mehr als zwanzig Personen in drei Stuben, ohne Bad und lediglich mit einem Plumpsklo draußen im Freien.

Auch im Dorf wurden viele Häuser von den amerikanischen Truppen beschlagnahmt, und die Menschen mussten die Nächte in Ställen oder Scheuen verbringen.

Einer der Offiziere meinte es gut mit uns. Er empfahl uns Mädchen und jungen Frauen, uns möglichst hässlich und schlampig anzuziehen und die blonden Haare unter einem Kopftuch zu verstecken. An Hopperts Haustür hatte er mit Kreide »OFF LIMITS« geschrieben.

Jeden Abend mussten zwei von uns Mädchen oder Frauen hinüber ins Haus und in der Küche arbeiten. Ein unangenehmer Kerl stellte sich hinter uns und trieb uns mit der Reitpeitsche an. Er war es auch, der nachts an Hopperts Haustüre polterte und uns in Angst und Schrecken versetzte.

Als die Truppe nach mehr als einer Woche weiterzog, durften wir ins Haus zurück. Es sah aus wie in einem Saustall: mutwillig demolierte Möbel, überall zerfetzte Textilien und am schlimmsten die Entdeckung, dass jedes Gefäß als Klo benutzt worden war, für das große und das kleine Geschäft. Keine Schale, Blumenvase, Waschschüssel war verschont geblieben. Dabei befanden sich mehrere Toiletten im Haus.

Zudem hatten sie alles Essbare und auch alles Eingemachte verzehrt. Die Amis hatten bekannterweise große Angst vor Bakterien, und bei Eingemachtem konnten sie sicher sein, dass die Nahrungsmittel steril waren.

Die Würste vom letzten Schlachten hatten wir vorsorglich in einem Komposthaufen über Böcke gehängt, mit Reisig und Laub verdeckt und damit gerettet. Als wir sie nach Wochen herausholten, waren sie in einem tadellosen Zustand und halfen mit, die vielen Geflüchteten, die inzwischen auf dem Hof angekommen waren, zu versorgen.

Einen erfreulichen Fund machten wir im Keller: Dort stand ein riesenhafter Laib Käse, den die Amis mitgebracht und offensichtlich vergessen hatten. Alle Hausbewohner und Hofleute bekamen ein Stück davon. Eine der Flüchtlingsfrauen aus Siebenbürgen in Rumänien panierte Käsescheiben, um sie in der Pfanne auszubacken. Es schmeckte köstlich, nicht ein Mal habe ich später im Leben so guten panierten Käse gegessen.

Wir haben die Amerikaner nie als »Befreier« angesehen. Für uns waren sie die Feinde, die unsere Soldaten getötet und unsere Städte bombardiert hatten. Keinesfalls hätte ich ein Stück Schokolade oder Kaugummi von ihnen angenommen.

Trotz der amerikanischen Besatzung war es lebenswichtig, dass die Tiere versorgt wurden, wozu sich unsere polnischen Zwangsarbeiter, die uns während des Krieges als Zivilgefangene zugewiesen wurden, bereit erklärten.

Nun muss ich ein großes Loblied auf »unsere« Polen singen. Sie arbeiteten weiter in den Ställen und halfen, wo immer sie konnten. Das war meiner Mutter zu verdanken, die sie während der ganzen Kriegsjahre gut behandelt hatte. Es kam ringsum häufig vor, dass Polen von ihren Bauern geklaut haben, was sie brauchten, und vieles kaputt schlugen. Sogar Morde kamen vor als Rache für schlechte Behandlung.

Im Laufe der Zeit waren uns acht Polen als Landarbeiter zugeteilt worden, die in einem der Häuser im »Winkel« untergebracht wurden und sich selbst versorgten. Antek und Maria bekamen sogar ein Kind, und meine Mutter gab ihnen alle Babysachen, die noch von meiner Schwester Karin da waren.

Ich war noch keine zehn Jahre alt gewesen, als die ersten beiden Polen, Antek und Stanek, zu Kriegsbeginn 1939 auf den Hof kamen. Noch nie zuvor hatte ich einen Ausländer gesehen, und in meiner Vorstellung mussten sie schwarzhaarig sein. Zu meiner Verwunderung waren sie aber blond und sahen nicht viel anders aus als wir Deutsche.

Nun, nachdem die polnischen Zwangsarbeiter »befreit« waren, kamen aus den Nachbardörfern immer wieder welche, die unsere Arbeiter aufhetzten und sie überreden wollten, nicht mehr für uns zu arbeiten. Doch ohne Erfolg, unsere Polen blieben uns treu. Kurz bevor die Russen bei uns auftauchten, wurden alle polnischen Arbeiter von den Amis abgeholt und mit Lastwagen abtransportiert. Wir haben nie erfahren, wohin man sie brachte und was aus ihnen geworden ist.

Wir wohnten inzwischen wieder im Gutshaus. Zu den bisherigen Bewohnern kamen immer mehr Menschen mit Trecks auf den Hof, aus Schlesien und sogar vom Schwarzen Meer. Im Haus war kein Fleckchen unbewohnt: die Backstube, die Plättstube, die Milchkammer, der Fahrradraum, alles war vollgestopft mit Menschen. Alle kochten sich ihr Essen in der Küche, die wahrhaftig nicht riesig oder gar modern war. Doch nie gab es Zank oder Streit, jeder setzte sich nach Kräften ein und half, wo es nötig war.

Die Amerikaner hatten nach Abzug der kämpfenden Truppe eine Kommandantur in der Schule eingerichtet. Die Leute im Dorf, von denen keiner Englisch sprach, baten mich immer wieder, ihre Bitten und Beschwerden dort vorzubringen. Für mich war es stets ein Gang in die Höhle des Löwen. Die Kerle flegelten sich in ihren olivfarbenen Unterhemden herum, die Beine auf dem Tisch. Der Raum war voller Zigarettenqualm, aber ich muss gestehen, dass sie mit mir immer korrekt und sachlich umgingen. So konnte ich sehr vielen Leuten helfen und habe erkannt, wie wichtig es ist, fremde Sprachen zu erlernen.

Während dieser Zeit kamen unzählige Menschen durch unser Dorf auf ihrem Weg von Ost nach West, darunter einmal vier Jungen, vielleicht zehn bis zwölf Jahre alt, in ihren Jungvolk-Uniformen mit kurzen schwarzen Hosen. Sie kamen zu Fuß aus Prag, wo sie zur Kinderlandverschickung gewesen waren, und wollten heim nach Hamburg. Sie waren so erschöpft und ausgehungert, dass wir sie erst ein paar Tage bei uns behielten, damit sie sich ein bisschen erholen und satt essen konnten, bevor sie weiterzogen.

Mein achtzehnjähriger Bruder Ulrich war von der Schulbank an die Ostfront beordert worden, die stetig von den Russen zurückgedrängt wurde.

Ulrich wurde verwundet, sein Glück. So kam er ins Lazarett nach Eisenberg in Thüringen, nur etwa zehn Kilometer von Kleinhelmsdorf entfernt.

Alle paar Tage machten sich nun zwei von uns Mädchen vom Hof auf den Weg, mit Rucksäcken voll Essen. Oft wurden wir von den Amerikanern erwischt und mussten zurück, doch oft gelang es uns auch, bis zum Lazarett vorzudringen. Ulrich und ein paar seiner Kameraden erwarteten uns schon sehnsüchtig an der Mauer des Geländes.

Später, bevor die Russen kamen, lösten die Amerikaner das Lazarett auf und transportierten alle Gefangenen in die berüchtigten Rheinwiesen, riesige Kriegsgefangenenlager im Westen Deutschlands, auch Ulrich war unter den Abtransportierten. Wir hatten große Angst um ihn.

Die Männer lagen dort auf der bloßen Erde, buddelten sich Mulden, um etwas geschützt zu sein. Kein Wunder, dass ein Großteil der Verwundeten diese Verhältnisse nicht überstand. Zum Glück war Ulrich jung und in relativ guter Verfassung. Mit einem Trick schaffte er es, entlassen zu werden.

Als wir am 18. Juni beim Abendbrot saßen, ging plötzlich die Tür auf, und Ulrich kam herein! Unsere Freude und die Erleichterung waren unbeschreiblich groß.

Dass der Krieg am 8. Mai 1945 zu Ende war, erfuhren wir durch den Volksempfänger meiner Großmutter, den sie verbotenerweise durch den Krieg gerettet hatte. Allerdings änderte sich für uns vorerst nichts, nur dass eines Tages Onkel Georg, der einzige Bruder meines Vaters, der das Rittergut Ullersdorf in Schlesien bewirtschaftet hatte, aus der Gefangenschaft entlassen worden war und sogleich bei uns in Kleinhelmsdorf auftauchte. Sehr zur Freude meiner Mutter, die nun einen Mann aus der Familie als Helfer und Berater an ihrer Seite hatte.

Tante Lotte, Onkel Georgs Frau, kam später mit ihren drei Kindern nach einer schrecklichen Flucht aus Schlesien zu Fuß in einem völlig verwahrlosten, erschöpften Zustand und mittellos zu uns nach Kleinhelmsdorf. Somit war die Familie aus Ullersdorf wieder vereint.

Es ging das Gerücht um, dass die Amerikaner weggehen und unser Land, die Provinz Sachsen und auch Thüringen, den Russen überlassen würden. Davor fürchteten wir uns sehr. Die Amerikaner hingen Plakate auf, die Strafe für jeden androhten, der das Gerücht weiterverbreiten würde.

Doch an einem Morgen Anfang Juli 1945 waren die Amerikaner über Nacht verschwunden und stattdessen die Russen zu uns unterwegs. Sie kamen auf der Chaussee aus Roda mit ihren einspännigen Panjewagen, gezogen von kleinen Pferden, mit roten Fahnen auf Stangen, singend und grölend daher. Dann standen sie im Hof.

Jetzt änderte sich für uns alles: Gleich wurden aus unserem Haus Polstermöbel und Teppiche abgeholt für die Kommandantur, die sie im sechs Kilometer von Kleinhelmsdorf entfernten Osterfeld eingerichtet hatten.

Alle landwirtschaftlichen Betriebe von mehr als hundert Hektar wurden enteignet, fünf Hektar große

Parzellen an unsere Arbeiterfamilien verteilt. Zwei dieser Familien weigerten sich, von unserem Land etwas zu nehmen. Auch Flüchtlinge, die mit Trecks aus dem Osten gekommen waren, konnten fünf Hektar bekommen. Meinem Bruder Ulrich und mir gestand man ebenfalls fünf Hektar von unserem eigenen Land zu. Wir mussten auf der neu eingerichteten Kolchose mitarbeiten, Grünfutter für das Vieh holen, Kühe hüten, schwere Feldarbeit verrichten wie jeder neue »Landbesitzer«.

Nicht nur Haus und Hof mit Grund und Boden, alles Vieh, alle Maschinen, Fuhrwerke und Geräte, die vier Arbeiterhäuser, sondern auch beinahe sämtliche persönlichen Besitztümer wurden uns weggenommen.

Die ortsansässigen Kommunisten biederten sich sogleich bei den Russen an und wurden deren Handlanger. Ihnen war jegliche Tätigkeit während des Dritten Reiches verboten gewesen, jetzt sahen sie ihre Stunde gekommen. Sie waren sehr bestrebt, alles auszurotten, was ihnen irgendwie »herrschaftlich und junkermäßig« erschien.

So schlugen sie gleich das steinerne Wappen derer von Einsiedel über der Tür des Herrenhauses ab, das diese beim Bau des Hauses im siebzehnten Jahrhundert angebracht hatten.

Auch die drei steinernen Stufen zum Haus mussten weichen, drei Stufen waren in ihren Augen zu herrschaftlich. Im »Lustgarten« wurden die herrlichen alten Bäume gefällt – Linden, Buchen, Kastanien, die Katalpe –, alles war ihnen zu feudal, auch unsere schöne Laube. Und wir mussten diesen Frevel hilflos mit ansehen.

Direkt hinter unserem Dorf verlief die Autobahn. Fast täglich wurden Viehherden von den Russen dort entlanggetrieben. Gegen Abend kamen die Männer zu uns ins Dorf und auf den Hof und verlangten Nachtquartier. Für die Mannschaften, die einfachen Soldaten, wurde unten im Herrenhaus Stroh hingeschüttet, die Offiziere verlangten ein Zimmer und eine Frau.

Im hinteren Fremdenzimmer in der ersten Etage hatten wir in mühevoller Arbeit mit der Laubsäge die Fenstergitter so herausgesägt, dass man sie provisorisch wieder einsetzen konnte. Wenn Gefahr bestand, schlüpften wir Mädchen durch das Loch, sprangen auf das Garagendach und von dort auf den Komposthaufen. Die Nacht verbrachten wir dann zitternd im Obstgarten oder bei Leuten von uns.

Die Zwangsarbeit in der Kolchose war schwer, doch als eines Tages meinem Bruder und mir mitgeteilt wurde, dass wir unsere fünf Hektar Land abgeben müssten, aber weiter auf der Kolchose arbeiten könnten, stimmten wir dem zu. Wir wollten auf keinen Fall unseren Hof freiwillig verlassen.

Am 2. Oktober 1945 wurden wir schließlich »ausgewiesen«. Es kam der Befehl, dass wir innerhalb von vierundzwanzig Stunden das Kreisgebiet zu verlassen hätten.

Nun begann ein geschäftiges Treiben: Wir packten in große Körbe das Meißner Geschirr, Silberbestecke, alles, was nicht niet- und nagelfest und für uns von finanziellem oder auch ideellem Wert war. In mehreren Fuhren brachten wir die Sachen nach Königshofen in Thüringen, ins Haus der Familie Kirsch, der Tochter unseres Hofmeisters Hoppert. Das war nur vier Kilometer entfernt, aber bereits außerhalb unseres Kreisgebietes.

Zur von den Kommunisten festgesetzten Zeit befand ich mich mit meinen Schwestern Ilse und Karin noch im Haus, auch am nächsten Tag blieben wir. Als der Kommunist Kasper aus Osterfeld kam, war er deshalb mächtig wütend, auch weil die Räume so gut wie leer waren.

Er brüllte herum und fragte, wo meine Großmutter sei, doch wir wussten es nicht. Später erst erfuhr ich, dass Onkel Georg sie nach Weimar zu ihrer Schwester Elli gebracht hatte. In deren Haus wohnte jedoch bereits ihre Nichte Heidi mit den vier Kindern, sodass sie für die Großmutter keinen Platz hatten. Trotzdem kann ich ihnen nie verzeihen, dass sie meine verehrte Großmutter in ein grässliches dunkles Loch steckten, das man nicht als »Wohnung« bezeichnen konnte, und nach keiner würdigeren Bleibe für sie gesucht hatten.

Doch zurück zum Kommunisten Kasper. Er fragte wütend weiter, wo meine Mutter und mein Bruder wären, aber ich konnte immer nur antworten: »Ich weiß es nicht!«

Das machte ihn immer aggressiver. Doch ich hatte keine Angst vor ihm und wollte meinen Trick bei ihm anwenden, der schon bei meinen Lehrern und bei den Amerikanern funktioniert hatte, nämlich, meinem Gegenüber unverwandt direkt in die Augen zu schauen. Das hielt normalerweise keiner aus! Aber bei Kasper funktionierte es nicht – weil er so schielte. Schlussendlich jagte er uns aus dem Haus, nicht einmal meine geliebte Kaffeedose mit den Fotos der kleinen englischen Prinzessinnen Elisabeth und Margret durfte ich an mich nehmen. Er schlug sie mir aus der Hand.

»Wo sollen wir denn hin?«, hatte ich ihn zuletzt noch zu fragen gewagt.

»Wenn ihr nicht wisst, wohin, dann kommt ihr ins Lager nach Delitzsch oder auf die Insel Rügen!«, brüllte er mich an.

Meine Schwestern und ich machten uns sodann in der regnerischen Oktobernacht auf den Weg nach Königshofen. Wo unsere Mutter war, wussten wir nicht, das ängstigte uns sehr. Endlich gelang es uns, nach Stunden auf Umwegen über die Felder, zur Familie Kirsch zu gelangen. Später kam gottlob auch meine Mutter dazu, die bei Hopperts vorerst Zuflucht gefunden hatte.

Wir waren sehr froh und dankbar, wieder beisammen zu sein, auch wenn es im Haus sehr eng war. In dem eiskalten Winter, der folgte, schlief ich unterm Dach, und der Schnee fiel durch die Ziegel direkt auf meine dünne Bettdecke. Wie habe ich mich da nach meinem schönen, warmen Bett zu Hause im Gutshaus gesehnt.

Frieda Kirsch war unsere große Wohltäterin. Vieles, was wir gerettet hatten, lagerte bei den Kirschs über mehrere Jahre, bis wir es abholen konnten. Frieda war vor ihrer Heirat schon bei meiner Großmutter in Stellung gewesen und dann später dann bei meiner Mutter zur »Mamsell«, also zur Wirtschafterin, aufgestiegen.

Es gab natürlich nur einfache Kost, doch aus Kleinhelmsdorf hatten wir immerhin zwölf lebende Enten mitgebracht, die Frieda jetzt nach und nach braten konnte.

Als vordringlich galt es jetzt, für Ulrich eine Arbeit und Bleibe zu finden. Das war nicht leicht, denn weit und breit wusste man, dass wir Nationalsozialisten gewesen waren.

Doch wir hatten Glück. Ein älteres Ehepaar in der Nähe konnte seinen Bauernhof nicht mehr allein bewirtschaften, der Sohn war in Gefangenschaft. Sie nahmen Ulrich wie einen eigenen Sohn auf, und er half bei allen Arbeiten. Als wir Ende 1946 Hals über Kopf in den Westen flüchteten, meinte es das Schicksal mit den alten Leuten gut: Wenige Tage später kam ihr Sohn aus der Gefangenschaft zurück und konnte den Hof übernehmen.

Für mich war es an der Zeit, wieder in die Schule zu gehen, doch das stellte sich als schwierig heraus. Viele Schulen nahmen keine Kinder von ehemaligen »Großgrundbesitzern und Junkern« auf.

Doch endlich wurden wir, meine Cousine Ursel und ich, in Eisenberg in Thüringen im »Christianeum« aufgenommen, in genau der Schule, die schon unsere Väter als Jungen besucht hatten. Vor meinem Klassenzimmer im ersten Stock stand immer ein russischer Soldat mit geschultertem Gewehr, keiner wusste, warum. Alle vierzehn Tage tauchten zwei Kommunisten in der Klasse auf, die für eine Statistik feststellen sollten, wie viele Arbeiterkinder in der Schule waren. In unserer Abiturklasse war kein einziges, und sie regten sich fürchterlich darüber auf und beschimpften uns Schüler als »Kapitalisten« und »Ausbeuter«.

Uns standen keine Bücher und keine Hefte zur Verfügung, es gab nichts zu kaufen. Wir schrieben auf irgendwelchen Blättern.

Beim Bäcker in Kleinhelmsdorf hatten wir noch Mehl eingelagert, und er backte für uns Brot. Das durfte natürlich niemand im Dorf wissen. Jede Woche fuhr ich einmal im Dunkeln mit dem Fahrrad dorthin und holte das Brot ab.

Der Bäckersfrau war es gar nicht recht, dass ich nachts allein mit dem Fahrrad unterwegs war, denn es trieb sich allerhand Gesindel herum. Tatsächlich hatte ich oft schreckliche Angst vor der nächtlichen Heimfahrt. Doch mir blieb nichts anderes übrig, wir brauchten das Brot für die vielen Leute, die mit uns bei Kirschs wohnten.

Es kam immer wieder vor, dass ehemalige Gutsbesitzer nachts mit Lastwagen abgeholt und in Lager gebracht wurden. Mutter war mit den Nerven am Ende, schlief kaum noch. Sie befürchtete, das könnte auch uns geschehen. Von den Lagern hatte man grauenvolle Dinge gehört.

So schmiedete sie mit Onkel Georg und Tante Lotte einen Plan zur Flucht in den Westen, wovon wir Kinder bis zur allerletzten Minute keine Ahnung hatten.

Es wurde das Nötigste in einen Rucksack gepackt, und los ging es. Karin und Ilse sollten bei den Kirschs bleiben, wir anderen mussten ja erst eine Bleibe finden. Karin saß auf der Ofenbank und weinte stundenlang vor Verzweiflung und Angst, weil sie nicht mitdurfte.

Am 26. Januar 1946 begann unsere Flucht, zusammen mit Onkel Georg, Tante Lotte und ihren Kindern. Ein Bauer fuhr uns mit dem Trecker und Gummiwagen bei klirrender Kälte nach Eisenberg, von wo aus wir mit der Bahn nach Eisenach fuhren. Wir mussten dort drei Tage im Flüchtlingslager bleiben, schliefen auf harten Holzpritschen.

Vor der Flucht hatte Mutter in Königshofen eine polizeiliche Abmeldung ausgefüllt, vom Bürgermeister unterschrieben und abgestempelt. Als Ziel hatte sie Gelchsheim in Unterfranken angegeben. Doch Bayern hatte inzwischen jeden Zuzug von Flüchtlingen gesperrt. Wir schafften es mit einem Trick doch noch, unsere Ausreisepapiere zu bekommen und in einem Güterwagen bis Bebra zu fahren. Dort übernachteten wir im Bahnhof auf dem Erdboden, unsere Rucksäcke krampfhaft festhaltend, damit sie uns nicht gestohlen wurden.

Unser Ziel war das Hofgut Heil in Gelchsheim, das im Besitz von Verwandten meiner Mutter war. Sie hatte dort vor ihrer Heirat als Saatzuchtassistentin gearbeitet und dort auch meinen Vater kennengelernt.

Bis Aschaffenburg fuhren wir noch alle zusammen, dann trennten sich unsere Wege: Onkel Georg, Tante Lotte und ihre Kinder wollten in die

Gegend von Regensburg, Mutter, Ulrich und ich hingegen fuhren weiter nach Würzburg, das verheerend zerbombt war.

Der Zug von Würzburg nach Gelchsheim, genannt der »Gaublitz«, verkehrte nur sporadisch, doch wir hatten Glück. Wir konnten auf der offenen Ladefläche eines Lastwagens mitfahren, der Mehl geladen hatte. Die restlichen Kilometer nach Gelchsheim legten wir zu Fuß zurück.

Natürlich hatten wir uns dort nicht anmelden können, man konnte weder telefonieren, noch funktionierte die Postzustellung. So standen wir drei dort überraschend vor der Tür. Ich erinnere mich nicht mehr, wie sich die Begrüßung abspielte, ob wir willkommen waren oder nicht, jedenfalls wurden wir aufgenommen.

Die Landgüter im Westen, wie auch Gelchsheim, waren gestopft voll mit Flüchtlingen, Evakuierten, Ausgebombten. Aber die gute Tante Emma brachte es fertig, für uns drei noch ein Plätzchen zu schaffen.

Nun waren wir in einer Odyssee nach der Enteignung und Ausweisung im Westen angekommen. Wir erhielten den Flüchtlingsausweis »C«, wurden damit als Sowjetzonenflüchtlinge anerkannt.

Irgendwie musste es weitergehen.

In Gelchsheim arbeitete ich zuerst auf dem Hof mit, im Feldgemüsebau und im Haushalt, denn nach dem Krieg gab es noch keine Oberschule, die ich hätte besuchen können.

Im Oktober 1946 nahm die Mozartschule in Würzburg wieder den Unterricht auf. Dort habe ich im März 1947 das Abitur bestanden. Es war das erste Abitur, das in Bayern nach dem Krieg abgehalten wurde.

Schon von klein auf war mein Berufswunsch, entweder etwas in Richtung Landwirtschaft oder mit Sport zu machen. Sport zu studieren war unmöglich, denn die Sporthochschule in Köln war für mich unerreichbar und ein Studium sowieso unbezahlbar.

So habe ich mich für eine ländliche Hauswirtschaftslehre entschieden. Das erste Lehrjahr absolvierte ich in einem landwirtschaftlichen Betrieb in Wintersheim in Rheinhessen, mit Ackerbau, Viehhaltung und zwanzig Hektar Weinbau. Der Ort lag in der französischen Zone, und es war fast ausgeschlossen, von der amerikanischen in die französische Zone zu gelangen. Ich musste meist schwarz über die Grenze, mit einem Fischerboot nachts über den Rhein. Deutschland war damals in vier Besatzungszonen aufgeteilt, und es war nicht so einfach, von einer Zone in die andere zu reisen.

Das zweite Lehrjahr verbrachte ich dann in Bayern auf dem heute sehr bekannten ökologischen Gut Herrmannsdorf bei Glonn. Dort gefiel es mir sehr gut, ich wohnte im Gutshaus in einem der Turmzimmer. Auch mit der dortigen Familie Senckenberg verstand ich mich gut, doch vor allem lernte ich dort meinen späteren Mann kennen, einen Landwirt und Gutsbesitzer aus Nordhessen.

Nach beendeter Lehre absolvierte ich die Landfrauenschule bei Miesbach, der besten Landfrauenschule, die es damals in Oberbayern gab.

Porträtfoto, ich als Abiturientin.

Meine pädagogische Ausbildung erfolgte abschließend am Staatsinstitut für landwirtschaftlichen Unterricht in München, und ich schloss diese mit dem Examen zur landwirtschaftlichen Berufsschullehrerin ab.

Nach meiner Heirat konnte ich das erlernte Wissen als Gutsfrau sehr gut anwenden.

Ich bildete siebzehn Jahr lang landwirtschaftliche Lehrlinge aus, bevor ich für zwanzig Jahre den Lehrberuf an einer Berufsschule ausübte.

Heute denke ich, dass meine Familie trotz der bitteren Enteignung allen Besitzes noch Glück hatte. Wir haben alles gesund überstanden und nach der Flucht wieder unser Lebensglück gefunden.

Für Landwirte aus dem Osten war es schwierig, im Westen in ihrem Beruf Fuß zu fassen. So machte mein Bruder Ulrich eine landwirtschaftliche Ausbildung und wanderte als Agraringenieur nach Südwestafrika, ins heutige Namibia aus.

Auch meine Schwestern Karin und Ilse fanden ihren Platz in der neuen Heimat.

In späteren Jahren fuhr ich mit Mann und Kindern oft nach Kleinhelmsdorf, Königshofen und Eisenberg in der damaligen DDR, und umgekehrt besuchten auch uns die Nachkommen der Familien Kirsch und Hoppert auf unserem Gutshof. Noch heute schreiben wir uns, der Kontakt zu ihnen und zur alten Heimat ist nie abgebrochen.

Die Gebäude des alten Rittergutes Kleinhelmsdorf existieren noch zum Teil. Das Gutshaus wurde in mehrere kleine Wohneinheiten umgebaut. Alles sieht scheußlich und ungepflegt aus.

Einmal fragte ich den Bürgermeister des Ortes, ob denn der große Kachelofen im Salon noch stehen würde – ein wirklich wertvolles Prachtstück, vom Boden bis zur Decke aus echten Meißner Kacheln errichtet.

»Ach, nee«, meinte er, »den haben wir abgerissen und die Kacheln für die Feldwege verwendet!«

Das Schicksal hat es gut mit mir gemeint, dass ich nach dem Verlust der Heimat wieder in einer Umgebung leben und arbeiten durfte, die mir seit meiner Kindheit auf einem Gutshof vertraut war.

Heute, mit über neunzig, blicke ich voll Dankbarkeit zurück auf die vielen guten Jahre, die ich erleben durfte – und besonders auf die Menschen, die mir auf meinem Lebensweg vor allem in schwierigen Zeiten geholfen haben.

Zum Schluss ist es mir ein Bedürfnis, der vielen Mütter zu gedenken, die ein ähnlich schweres Schicksal zu bewältigen hatten wie meine Mutter, oder ein gar noch schlimmeres.

Meist waren die Männer im Krieg eingezogen, viele sind gefallen. Ihre Frauen mussten täglich um ihr Leben bangen, auf sich gestellt für die Erziehung der Kinder sorgen, oft die Betriebe von heute auf morgen allein führen und die Verantwortung für Menschen übernehmen, die ihnen als Angestellte oder Arbeiter anvertraut waren.

Dann kam die Enteignung, alles war weg. Die Flucht in eine ungewisse Zukunft musste bewältigt werden, mit den Kindern und womöglich noch mit alten Menschen. All diese schier unmöglichen Herausforderungen mussten irgendwie gemeistert werden.

Ich kann die Mütter dieser Generation nur zutiefst bewundern und ihnen danken.

Bärbel –
Letzte Weihnacht in der alten Heimat

Auch wenn ich weder Flüchtling noch Vertriebene bin, musste ich doch meine wunderschöne schlesische Heimat verlassen.

Meine Heimatstadt Gottesberg im Kreis Waldenburg, das heutige polnische Boguszów, in der ich 1941 geboren und aufgewachsen bin, war Bergbaugebiet und mein Großvater Bergmann.

Meinen Vater habe ich wie viele im Krieg geborene Kinder nie kennengelernt. Er war bereits im August 1941 bei einem russischen Gegenangriff südlich von Luga als vermisst gemeldet worden. Da war ich erst einen Monat alt.

Jahre des Wartens folgten, in denen wir hofften, ihn wiederzusehen. Diese Hoffnung flammte wieder auf, als in den Fünfzigerjahren, auf die Initiative des damaligen Bundeskanzlers Adenauer, viele russische Kriegsgefangene in die Freiheit entlassen wurden. Aber mein Vater war nicht darunter.

Erst später erfuhr ich über den Suchdienst des Roten Kreuzes, dass er bereits 1942 in russischer Gefangenschaft gestorben war. Ich bekam sogar eine Sterbeurkunde zugeschickt. Mein Vater wurde nur 25 Jahre alt. Aber immerhin durfte er über ein Telegramm erfahren, dass er eine Tochter bekommen hatte.

Meine Mutter war mit 22 Jahren Witwe und hat nicht wieder geheiratet. Dabei hätte ich so gerne Geschwister gehabt. Sie arbeitete als Näherin in einer Fabrik, die Soldatenuniformen herstellte. Aus ihrer Schilderung weiß ich, dass wir in einer schönen Zweizimmer-Neubauwohnung mit einem angrenzenden kleinen Garten wohnten, in dem sie Gemüse anbaute und damit unsere Grundversorgung sicherte. So kamen wir während des Krieges einigermaßen gut zurecht.

Im Winter vor dem Kriegsende 1945 waren viele Schlesier bereits in Trecks geflohen, andere wurden später vertrieben und in Güter- oder Viehwaggons nach Deutschland gebracht. Wir waren geblieben, vermutlich wegen meines Großvaters, der Bergmann war und deshalb gebraucht wurde.

Bei Kriegsende war ich erst vier Jahre alt und erinnere mich nur noch vage daran, dass russische Panzer in Gottesberg einfuhren, dahinter marschierten die Soldaten der russischen Armee. Wir Kinder liefen johlend neben den Soldaten her, und die Buben marschierten im Gleichschritt mit den Soldaten mit. Wir verstanden die Gefährlichkeit und den Schrecken der Situation nicht.

Meine Mutter hatte Angst, die Russen würden unser kindliches Verhalten als Veralberung oder Provokation verstehen, aber dem war nicht so.

Einer der Soldaten strich mir über den Kopf und sagte: »Gut, gut« zu mir. Vielleicht hatte er selbst ein kleines Töchterchen zu Hause. Uns Kindern haben sie jedenfalls nichts Böses angetan.

Meine Mutter hatte weiße Bettlaken als Zeichen der Kapitulation aus den Fenstern gehängt. Uns plagte fürchterliche Angst vor den Russen, seit fürchterliche Schilderungen über Erschießungen, Folterungen, Gefangennahmen, Verschleppung und vor allem von Vergewaltigungen die Runde machten.

Doch in Wirklichkeit entpuppten sich die Polen, die bisher unter uns gelebt hatten, als viel schlimmer, vor allem die polnischen Partisanen. Sie plünderten und stahlen alles, was nicht niet- und nagelfest war, veranstalteten Razzien, bei denen sie alles Brauchbare einfach kassierten.

Sie scheuten sogar nicht davor zurück, einem kleinen Mädchen wie mir bei einem Spaziergang mit meinem Puppenwagen diesen mitsamt meiner Puppe wegzureißen.

Foto von Gottesberg.

Die Russen übergaben bald die Verwaltung an die Polen, die jetzt die Herren über Schlesien waren. Nun hatten sie das Sagen, ihnen war die Region zugesprochen worden. Sie führten eine polnische Verwaltung ein. Wir Schlesier hatten in unserer Heimat nichts mehr zu melden, mussten »kuschen«.

Bald nach der Übergabe kamen drei Polen zu uns und verlangten das sofortige Verlassen unserer Wohnung.

Als meine Mutter zu weinen begann, wurde ich wütend. Ich wollte sie beschützen, fing an zu schreien und boxte wild auf die Fremden ein.

Einer der Männer hielt mich an den Armen fest und brüllte meine Mutter an: »Bringen Sie dieses Ungeheuer weg!«

Mutter setzte mich in mein fahrbares Kinderbettchen und schob mich schnell in die Wohnung der Nachbarin, aus Angst, die Männer würden mich schlagen.

Dann zeigte sie den Fremden einen Schein der früheren Verwaltung, in dem ihr zugesichert worden war, dass sie bei Wohnungsräumungen unantastbar sei.

Der Mann sah sich den Schein an, zerriss ihn und meinte grob: »Das nützt Ihnen gar nichts! Sie müssen raus, selbst wenn Sie einen Schein vom Herrgott hätten!«

So, wie wir angezogen waren, in Hausschuhen, mussten wir unverzüglich die Wohnung verlassen, mit wenigen Habseligkeiten, die meine Mutter ganz schnell zusammenpackte. Nun waren wir ohne eigenes Zuhause.

Zum Glück wohnten meine Großeltern mütterlicherseits etwas außerhalb von Gottesberg, und wir erhielten bei ihnen liebevolle Aufnahme und Unterkunft.

Von dort konnten wir beobachten, wie im Ort Lastwagen an den Häusern der Deutschen vorfuhren und alles einluden, was die Polen gebrauchen konnten. Nicht nur uns war es so ergangen, ohne Verzug aus der Wohnung zu müssen, viele andere schlesische Einwohnern von Gottesberg erlebten ebenfalls ihren Rauswurf.

Wenn Razzien stattfanden, die auch das Haus der Großeltern betrafen, versteckte sich meine Mutter auf dem Speicher. Sie hatte sich dort ein Schlupfloch gebaut, um vor den Russen und Polen sicher zu sein, denn es kam oft zu Vergewaltigungen und Verschleppungen von Frauen.

Einmal, daran erinnere ich mich lebhaft, wollte ein Mann meiner Großmutter den Ehering vom Finger nehmen, doch der war so eingewachsen, dass sie ihn nicht runterbrachten. Da haben sie es gottlob aufgegeben, ohne die Großmutter zu verletzen oder ihr den Finger abzuhacken, was andernorts geschehen war.

Die Polen konnten alles gebrauchen, sie zogen sogar den Bergleuten, die zur Arbeit gingen, die Hosen aus, und diese mussten in Unterhosen zur Arbeit gehen. Oft geschah es auch, dass die Männer gänzlich nackt ausgezogen und verprügelt wurden.

Mein Großvater wurde täglich von zwei Kumpeln abgeholt, man traute sich nicht allein auf die Straße.

Eines Tages war er noch nicht fertig für den Weg zur Arbeit, als sie kamen. Er brauchte immer etwas länger, denn er war durch eine Verletzung im Ersten Weltkrieg gehbehindert und benutzte einen Stock. Als er später den anderen Kumpeln nachging, sah er sie blutend unten an einem Abhang liegen. Sie waren von Polen zusammengeschlagen worden, weil sie nicht auf Polnisch, sondern auf Deutsch gegrüßt hatten. Es war uns Deutschen streng verboten, unsere Sprache zu sprechen. Natürlich taten wir es zu Hause doch, wir waren stolz darauf, Deutsche und Schlesier zu sein.

Das Verhältnis zwischen den Polen und den letzten verbliebenen Schlesiern, die nicht geflohen waren oder denen die Ausreise verweigert worden war wie uns, gestaltete sich anfangs sehr schlecht. Die Polen rächten sich mit Gräueltaten und Schikanen an uns für die Verbrechen, die die deutsche Wehrmacht während des Krieges an ihnen verübt hatte.

Im Laufe der Jahre verbesserte sich jedoch das Verhältnis, auch wenn wir immer die ungeliebten und verachteten »Nemethki«, die »Hitlerowski« blieben.

In der Wohnung meiner Großeltern war es beengt für uns alle und insofern schwierig, da mein Großvater als Bergmann in Schicht arbeitete und ich ein sehr lebhaftes Kind war. Da gab es oft Ärger und Schelte, aber ich lernte es, »brav« zu sein, wenn Großvater tagsüber schlief.

Für mich begann eine schöne Kindheit, so habe ich es zumindest empfunden und in Erinnerung. Die Sorgen und die Ängste der Erwachsenen wurden vor mir verborgen. Meine Oma war eine sehr liebe Frau, eine Großmutter, wie sie im Buch steht. Sie spielte viel mit mir, brachte mir die alten schlesischen Heimatlieder bei. Ich erinnere mich an gemütliche, heimelige Abende am Ofen, wo sie mir Märchen und der Großvater schlesische Geschichten und Sagen erzählte. Diese Geschichten liebte ich, sie haben mich geprägt für mein Leben und die Liebe zu meiner schlesischen Heimat bis heute tief in mir verwurzelt.

Leider wurde Großmutter aufgrund der vielen Aufregungen krank, verursacht durch die Schikanen der Polen. Doch wir Deutschen durften keinen Arzt aufsuchen, auch nicht für sie. Meine Mutter suchte aus ihrem »Doktorbuch« Hausmittel, die sie der Großmutter verabreichte. Ich weiß noch, dass sie immer wieder verzweifelt versuchte, einen Arzt zu finden, der bereit war, Schlesier zu behandeln. Doch jedes Mal bekam sie zur Antwort: »Nie rozumiem« – »Verstehe nichts«.

So kam sie von Mal zu Mal trauriger zurück, und meine Familie wünschte sich immer sehnlicher eine Ausreise nach Deutschland. Viele unserer Nachbarn und Freunde hatten bereits zum Ende des Krieges Schlesien verlassen oder waren von den Polen vertrieben worden.

Da mein Großvater im Bergwerk gebraucht wurde, waren wir nicht von Ausweisung betroffen, im Gegenteil: Wir durften nicht fort, obwohl wir wollten! Die Polen brauchten die Schlesier, vor allem die Bergleute, zur Arbeit.

Dann starb meine Großmutter mit gerade einmal siebenundfünfzig Jahren. Ihr Tod war das schlimmste Ereignis meiner Kindheit, denn ich hatte sie sehr liebgehabt.

Auch ich war als Kind oft krank, wir hatten wenig zu essen, und ich war dementsprechend unterernährt. Die Verpflegung war knapp, Fleisch oder Wurst gab es nur selten. Gelegentlich ging meine Mutter mit Nachbarn zu Bauern in die Nachbarorte zum »Hamstern«. Manchmal wurde auch getauscht: ein Kleidungsstück gegen etwas Butter, Eier oder Milch. Aber nicht jeder der Bauern gab den Schlesiern etwas ab, oft wurden sie auch mit Hunden vom Hof verjagt.

Ich wuchs heran und kam ins schulpflichtige Alter. Da deutsche Schulen verboten waren – alles war polnisch –, schickte mich meine Mutter zu einer Privatlehrerin, später, ab 1950 waren deutsche Schulen wieder erlaubt. Nun verbrachte ich die meiste Zeit dort. Es war viel geboten: Sport, Musikunterricht, Theatergruppen, und vor allem liebte ich den Schulchor, dem ich angehörte.

Ich ging gerne zur Schule und war eine gute Schülerin. Deshalb durfte ich im Sommer 1955 an die masurischen Seen zur Erholung fahren. Wir waren sechs deutsche Kinder unter fast hundert polnischen in dem Ferienheim. Von einigen wurden wir gemobbt, wie man heute sagen würde, als »Świnie« – »Schweine« beschimpft.

196

Doch ich ließ mir nichts gefallen, war zu einem selbstbewussten Mädchen herangewachsen, obwohl wir eine missachtete Minderheit waren.

Für mich hätte das Leben in Schlesien so weitergehen können, doch meine Mutter und mein Großvater wollten unbedingt weg, nach Westdeutschland, weg aus der polnischen Verwaltung ihrer Heimat. Die Polen strebten inzwischen an, dass man die polnische Staatsangehörigkeit annahm und dazu einen polnischen Namen. Das wollten sie auf keinen Fall.

In Bayern, in Höhenkirchen, wohnte meine Tante Gretl, eine Schwester meiner Mutter, die immer wieder Ausreiseanträge für uns stellte. Das war von deutscher Seite nötig, um die Ausreiseerlaubnis zu bekommen.

Diese Tante war während des Krieges Flakhelferin gewesen. Nach Kriegsende, nachdem sich die Front aufgelöst und die deutschen Soldaten auf dem Rückzug waren, wollte sie mit einer Kameradin zurück nach Schlesien. Um sich zu tarnen, hatten sie ihre Uniformjacken aus- und Schlafanzugjacken übergezogen. Auf der Flucht mit vielen anderen Flüchtlingen wurden die beiden von einem Lastwagen mit deutschen Soldaten, die auf der Laderampe saßen, eingeholt.

Der Wagen hielt an, und einer der Soldaten rief herunter: »Madln, wo wollt's ihr denn hin?«

»Wir wollen heim nach Schlesien!«

»Oje, da sind schon die Russen, da kommt's ihr nimmer durch. Kommt's lieber mit uns!«

Die beiden stiegen auf den Wagen, und so kamen sie nach Bayern. Die Tante ist dortgeblieben, hat geheiratet und eine Familie gegründet. Sie bemühte sich nun, allerdings erfolglos, eine Ausreisegenehmigung für uns zu bekommen. Auch andere Schlesier, die noch in Polen lebten, bemühten sich darum, doch die polnischen Behörden blieben hart. Sie brauchten die fleißigen Deutschen zur Arbeit.

Einer meiner Freunde, der auch im Bergbau arbeitete, drängte immer wieder: »Raus hier, raus!« Doch da auch er noch immer keine Papiere bekam, flüchtete er auf eigene Faust Richtung Westen, blieb in Ostdeutschland hängen, der späteren DDR.

Welche Ironie des Schicksals: Eine Woche später hätte er seine Ausreisepapiere nach Westdeutschland erhalten.

1955, mein Großvater war aufgrund seiner Staublunge nicht mehr arbeitsfähig, änderte sich mein junges Leben schlagartig.

Es geschah wenige Tage vor Weihnachten. Unser Christbaum stand noch ungeschmückt in einer Ecke des Wohnzimmers, und meine Mutter hatte gerade duftende Plätzchen aus dem Ofen geholt, als wir harte Schritte die Treppe heraufpoltern hörten. Es klingelte, wir erschraken zutiefst. Wer kam so spät noch zu uns? Das konnte nichts Gutes bedeuten! Obwohl sich das Zusammenleben mit den Polen gebessert hatte, lebte man doch in ständiger Furcht vor irgendwelchen Repressalien.

Es war ein Beamter des Magistrats, der uns besuchte. Er brachte die langersehnten Ausreisepapiere nach

Westdeutschland. Darin stand, wir müssten innerhalb der nächsten zwei Wochen Polen verlassen.

Obwohl meine Mutter so lange dafür gekämpft hatte, war sie nun völlig ratlos. Wir hatten zwar schon immer für den Fall der Fälle einen gepackten Reisekorb und eine Truhe in einer Kammer stehen. Doch nun, da es ernst wurde, wusste sie nicht mehr, was sie machen sollte. Was sollte sie einpacken, was durften wir mitnehmen? Wie ein aufgescheuchtes Huhn lief sie herum.

Mich hatte die plötzliche Erlaubnis zum Verlassen meiner Heimat, die gleichzeitig ein Befehl war, tief getroffen, ich wollte nicht weg und weinte bittere Tränen. Ich hatte Angst vor der Zukunft in einer fremden Umgebung mit fremden Menschen, in einem Land, das ich nicht kannte und wo wir ohne irgendetwas, ohne Besitz ankommen würden. Wie würde das Leben dort sein, fern von meiner geliebten Heimat?

In der Schule gab ich Bescheid, dass ich nach den Weihnachtsferien nicht mehr käme. Meine Schulfreunde bedauerten mich und sangen zum Abschied das Lied: »Wahre Freundschaft soll nicht wanken!« Aber so richtig konnte niemand glauben, dass wirklich jemand nach Westdeutschland aussiedeln durfte.

Die Weihnachtsfeiertage verbrachten wir bei den wenigen Verwandten, die wir noch hatten, nahmen tränenreich Abschied. Alles empfand ich als furchtbar traurig.

Bereits am 30. Dezember, ich war vierzehn Jahre alt, traten meine Mutter, mein Großvater und ich die Reise nach Westdeutschland an.

Viele unserer Sachen hatten wir verschenkt, das meiste ließen wir einfach in der Wohnung zurück. Als Umsiedler durften wir auch größere Möbelstücke mitnehmen, die im Zug in einem extra Waggon verstaut wurden. Mutter hatte eine Couch und ein Buffet mitgenommen, in dem wir Kleider, Bettwäsche und Handtücher unterbrachten, dazu den Reisekorb und eine Kiste. Da waren wir als Umsiedler weitaus besser dran als die Vertriebenen, die damals nur fünfundzwanzig Kilogramm Gepäck mitnehmen durften, alles zurücklassen mussten.

Freunde und Verwandte begleiteten uns zum Bahnhof. Wir konnten es immer noch nicht begreifen, dass wir wirklich fahren würden. Bisher hatten die Polen noch keinem Schlesier die Ausreise erlaubt.

Am 31. Dezember 1955, an Silvester, kamen wir in einem Lager in Stettin, noch in Polen, an. Es war ein Durchgangslager, und wir wurden in einem großen Raum mit Stockbetten untergebracht, so weit erinnere ich mich noch.

Von dort ging es gleich nach Neujahr weiter mit dem Zug durch die DDR. Die Türen des Zuges waren fest verschlossen, er hielt nirgends an, in den Waggons war es dunkel. Wir sahen im Vorüberfahren viele DDR-Bürger draußen an den Bahnsteigen stehen und uns zuwinken. Es kam mir wie eine Geisterfahrt vor.

Von den vielen neuen Eindrücken war ich so müde geworden, dass ich einschlief. Plötzlich wurde es hell im Waggon, der Zug hielt, und die Türen gingen auf. Wir wurden mit Orangen, Bananen und Süßigkeiten förmlich überschüttet. So viele Süßigkeiten

Meine Mutter und ich kurz vor der Ausreise.

hatten wir noch nie gesehen, und einige der Obstsorten waren uns auch fremd.

Als unser Zug schließlich im Bahnhof »Friedland« einfuhr, spielte eine Blaskapelle, und die »Friedlandglocke« läutete beim festlichen Empfang, war unser Zug doch der erste Übersiedlertransport, den die Polen nach Westdeutschland fahren ließen.

Erst jetzt konnten wir fassen, dass wir wirklich in Westdeutschland angekommen waren. Trotz des grandiosen Empfangs wurde mir bang ums Herz. Ich war in eine mir völlig fremde Welt hineingeraten und sehnte mich nach meiner beschaulichen Heimat Gottesberg.

Das Lager Friedland war riesig, noch heute besteht es und bietet Flüchtlingen eine erste Unterkunft.

Man brachte uns in Baracken unter, aber es war sehr sauber und angenehm. Wir wurden verköstigt, konnten uns in der Kleiderkammer etwas zum Anziehen aussuchen, in der Bücherei Bücher. Wir wurden registriert, Dokumente mussten ausgefüllt werden, dann, bereits nach drei Tagen, durften wir weiter nach München fahren, da wir eine Anlaufadresse bei Tante Gretl hatten.

Andere Aussiedler mussten oft lange in Friedland bleiben, manche über Monate. Für sie musste erst eine Unterkunft gesucht werden. Viele kamen ins Ruhrgebiet, da die meisten Bergarbeiter waren und es dort Arbeitsplätze für sie gab. Nach Bayern zogen nur wenige Schlesier.

Wir trafen abends in München ein, meine Tante begrüßte uns am Hauptbahnhof. Da flossen wieder die Tränen, doch dieses Mal reine Freudentränen, als sich die beiden Schwestern umarmten und Tante Gretl nach langen Jahren ihren Vater endlich wiedersah. An Tante Gretl hatte ich keine Erinnerung mehr.

Die Ankunft in der neuen Heimat war grandios. Ich war völlig überwältigt von den vielen Lichtern und erst recht von dem riesigen Weihnachtsbaum, der vor dem Münchner Rathaus erstrahlte. Nie hätte ich damals gedacht, dass ich drei Jahre später in eben diesem Rathaus als Angestellte arbeiten würde.

Tante Gretl und ihr Mann wohnten mit ihren drei Kindern in einem kleinen Häuschen in Höhenkirchen, und wir – meine Mutter, Großvater und ich, konnten vorerst im Dachgeschoss zwei kleine Zimmer beziehen.

Schnell lebte ich mich in der neuen Heimat ein, nur der bayrische Dialekt machte mir anfangs etwas Schwierigkeiten, doch auch das legte sich bald.

In Höhenkirchen ging ich noch ein halbes Jahr zur Schule, um ein Abschlusszeugnis zu bekommen. Ich kam mir schrecklich bieder und altmodisch vor, als ich zum ersten Mal die Klasse betrat. Diese Mädels waren viel modischer angezogen und frisiert und ich hatte noch Zöpfe! Alle anderen trugen kurze Haare und Dauerwellen. Doch meine neuen Schulkameradinnen mochten mich auf Anhieb, und so wurde ich gleich in die Jugendgruppe der Pfadfinder aufgenommen.

Zu meinem fünfzehnten Geburtstag durfte ich mir die Zöpfe abschneiden lassen und bekam auch eine Dauerwelle verpasst. Endlich sah ich aus wie die anderen und kam mir unheimlich schick vor!

»Du bist der erste ›Preiß‹, den mir mögen«, meinten meine Schulfreundinnen. Das war ein großes Kompliment, und ich war stolz darauf.

Ich wusste, dass die vielen Flüchtlinge und Vertriebenen nach dem Krieg nicht immer gern gesehen waren, da die Einheimischen in der harten Nachkriegszeit schließlich selbst ums Überleben kämpften und nun noch Scharen von völlig mittellosen Menschen beherbergen, ernähren und integrieren mussten.

Bald zog ich mit meiner Mutter und dem Großvater nach München und besuchte dort die Handelsschule. Nach dem Abschluss bekam ich eine Anstellung bei der Stadtverwaltung München.

1963 heiratete ich Franz, meinen »Bayern«, und 1964 kam unsere Tochter Gabi auf die Welt.

Schon 1965, zwei Jahre nach unserer Hochzeit, starb Franz nach einer Gehirntumoroperation. Nun lebte ich mit meiner kleinen Tochter allein, es hatte mich dasselbe Schicksal ereilt wie meine Mutter, die auch jung Witwe mit einer kleinen Tochter geworden war.

In dieser schweren Zeit kümmerte sich Lothar, ein Freund meines Mannes und ebenfalls gebürtiger Schlesier, um mich. Wir heirateten und bekamen zusammen zwei weitere Kinder. Ich lebe nun schon fast mein ganzes Leben in Bayern und fühle mich sehr wohl hier. Die Gegend erinnert mich, mit den Bergen im Hintergrund, ein bisschen an meine schlesische Heimat.

Seit Jahren bin ich Vorsitzende des Ortsvereins der Landsmannschaft Schlesien. Zu den Treffen kommen immerhin noch an die sechzig alte Schlesier, überwiegend Frauen, um mit Geschichten, Liedern und regionalen Spezialitäten die Erinnerung an die Heimat der Jugend aufleben zu lassen.

Mit den Jahren werden es naturgemäß immer weniger, welche die alten Traditionen pflegen. Für unsere Nachkommen ist Schlesien bereits ein unbekanntes Land, sie sind hier zu Hause.

Im Laufe der vielen Jahre bin ich noch oft in Schlesien gewesen, anfangs mit der Mutter, später mit meinem Mann und den Kindern. Die Liebe zur alten Heimat bleibt immer in mir bestehen.

Bei meinem letzten Besuch vor einigen Jahren war schlechtes, trostloses Wetter. Ich stand oben am Berg, dort, wo ich damals mit der Mutter und den Großeltern lebte, sah hinaus ins Land und fragte mich: *Warum kommst du noch hierher? Was suchst du hier? Es lebt niemand mehr da, den du kennst. Alle Verwandten und Freunde sind in den Westen gegangen wie du oder längst gestorben. Deine Heimat ist jetzt Bayern!*

Und doch bleibt in mir ein Heimatgefühl für Schlesien, wehmütige Erinnerungen an die frühe Kindheit und an die Zeit, als die Schlesier dieses schöne Land, das nun den Polen gehört, ihr Eigen nannten.

Morild –
Kann Liebe ein Verbrechen sein?

Ich musste weder fliehen, noch wurde ich vertrieben, und doch verlor ich meine Heimat. Ich verließ sie aus freien Stücken, denn ich hatte in den Augen meiner Landsleute ein schlimmes »Verbrechen« verübt: Ich hatte mich als Norwegerin in einen deutschen Besatzungssoldaten verliebt und ein Kind von ihm bekommen. Deshalb wurde ich geächtet.

Die Jahre der Kindheit und Jugend verlebtes ich in Oslo, der Hauptstadt Norwegens.

Mein Vater war Gewerkschaftsführer und in der kommunistischen Partei, die Mama Hausfrau und Mutter von uns drei Mädchen, Clare, Inger und mir – Morild, Vaters Liebling.

Morild bedeutet »Meeresleuchten«. Diesen Namen hatte sich der Vater für mich gewünscht, als er mit meiner schwangeren Mutter bei einer Bootsfahrt eben dieses seltene Phänomen des Meeresleuchtens bestaunte. »Wenn es wieder ein Mädchen wird, soll es Morild heißen«, bat er sie.

Ich hatte eine schöne, unbeschwerte Kindheit und Jugend, viele Freunde, mit denen ich meine Freizeit verbrachte. Tanzen, Skifahren, Radfahren, Baden am Oslofjord und Mode waren meine Interessen. Die Mutter nähte für uns Mädchen die schicksten Kleider, nicht selten wurden wir bewundert und beneidet dafür.

Das alles hätte so weitergehen können, hätten nicht 1940 die Deutschen meine bis dahin neutrale Heimat besetzt: Eines Tages lag im Oslofjord ein riesiges deutsches Kriegsschiff. Von einem Tag auf den anderen änderte sich unser Leben drastisch.

Die Deutschen übernahmen die Regierung, bestimmten alles zum Nachteil der Norweger. Unser König Haakon, der nicht mit den Deutschen kooperieren wollte, floh mit seiner Familie nach England. Im Norden des Landes, bei Narvik, begannen die ersten Kämpfe mit der norwegischen Armee, die aber schnell kapitulierte, da sie der Anzahl von Soldaten und Waffen der Deutschen völlig unterlegen war. Doch die Engländer kämpften gegen die Deutschen in Norwegen.

Das Straßenbild in Oslo änderte sich völlig. Überall marschierten Trupps von jungen deutschen Soldaten herum, auch in ihrer Freizeit bevölkerten sie die Stadt, die Kinos, die Läden, sie waren allgegenwärtig.

»Du darfst dich nicht ansprechen lassen, ihnen nicht zulächeln«, warnte mich mein Vater eindringlich. »Beachte sie nicht, dreh dich weg! Vergiss nicht, dass du Norwegerin bist, dass sie unsere Feinde sind und uns unser Land wegnehmen wollen!«

Ich versprach es ihm feierlich.

Die Situation in Norwegen wurde immer schlechter: Nahrungsmittelknappheit, Ausgangssperren, Stromsperren, Verdunklungsgebote, Tanzverbote. Das Tanzverbot wollten wir junge Leute nicht hinnehmen und trafen uns heimlich in Partykellern, und manchmal kamen sogar deutsche Soldaten dazu. Sie waren jung wie wir und suchten Spaß und Geselligkeit.

Es gab immer wieder mal Mädchen, die sich mit ihnen einließen, sie wurden verachtet und »Tyskertos«, »Deutschenflittchen«, genannt.

Eines Tages kam meine Cousine Ingeborg von der Küste zu uns zu Besuch nach Oslo. Sie war ein richtiges »Landei«, Mutter bat mich darum, mich ein wenig um sie zu kümmern. Das tat ich gerne.

Ich erinnere mich genau an den Tag: Es war der 1. Mai 1941, ein herrlicher Frühsommertag. Da fuhr ich mit Ingeborg zum Oslofjord hinaus, um das schöne Wetter zu genießen. Wir zogen unsere Badeanzüge an, verzehrten unsere mitgebrachten Brote

Meine Schwestern Clare, Inger und ich.

und genossen die Aussicht auf den Fjord. Nur der Anblick des deutschen Kriegsschiffes und des Gebäudes der deutschen Seemannsschule in Ekeberg störten das schöne Panorama.

Als wir uns schon zum Heimgehen fertig machten, sahen wir zwei deutsche Matrosen auf uns zuschlendern.

»Schau sie nicht an, Ingeborg, beachte sie nicht«, raunte ich meiner Cousine zu.

Die beiden jungen Männer sprachen uns an, in holprigem Norwegisch. Ich antwortete nicht. Da nahm der eine meine Tasche hoch: »Lass mich die doch tragen!«

Erst jetzt sah ich ihn an, und mein Herz begann, stürmisch zu klopfen. Er sah sehr gut aus, lachte mich an, der Wind fuhr durch seine braunen Locken.

»Ich heiße Max, und du?«

»Morild«, sagte ich widerstrebend.

»Morild!«, wiederholte er, immer noch lächelnd. Ich sah schnell weg.

Wir gingen in Richtung Ekeberg, zur Bushaltestelle. Der andere Matrose, der sich als Fritz vorgestellt hatte, trug Ingeborgs Tasche. Bevor wir in Sichtweite Ekebergs kamen, blieb Max stehen.

»Besser, man sieht uns nicht zusammen«, meinte er bedauernd und zeigte auf seine Armbanduhr. »Morgen Abend um sieben Uhr bin ich wieder hier! Kommst du, Morild?«

Heftig schüttelte ich den Kopf, meine Kehle war wie zugeschnürt.

»Ich werde da sein und auf dich warten!«, meinte er und gab mir meine Tasche.

Greta und ich rannten zum Bus. Als ich mich nochmals umdrehte, stand Max immer noch da, winkte mir zu. Verstohlen winkte ich zurück.

»Du wirst doch morgen nicht hingehen?«, fragte mich Ingeborg besorgt.

»Nein, auf keinen Fall«, entgegnete ich entrüstet. Doch abends im Bett konnte ich an nichts anderes mehr als an den jungen deutschen Matrosen denken, der Max hieß. Ich hatte mich Hals über Kopf verliebt.

Am nächsten Tag, ich konnte nicht anders, fuhr ich zum besagten Zeitpunkt hinaus nach Ekeberg zum Fjord. Da stand er und wartete auf mich. Wir fielen uns in die Arme, küssten uns leidenschaftlich.

Von da an trafen wir uns regelmäßig, heimlich.

Er erzählte mir, dass er aus dem Süden Deutschlands, aus Bayern komme, wo es sehr schön sei. Er hatte keine Mutter mehr und einen schlechten Vater, deshalb sei er schon früh ausgezogen und bei der Mutter eines seiner Freunde untergekommen, bei Julie.

»Die Julie, die hat ein Herz aus Gold. Du wirst sie kennenlernen, wenn wir einmal in Deutschland leben, nach diesem verdammten Krieg.«

»In Deutschland?«, widersprach ich. »Ich werde meine Heimat nie verlassen, Max!«

Inzwischen war Schreckliches geschehen: Mein Vater wurde von der Gestapo gesucht und war in den Untergrund abgetaucht. Nur meine Mutter wusste, wo er sich aufhielt.

Ich traf Max trotzdem heimlich weiter, was mit großen Schwierigkeiten verbunden war, niemand durfte wissen, dass ich eine »Tyskertos« war. Doch eines Tages entdeckte eine Bekannte unserer Familie mein gut gehütetes Geheimnis und erzählte es meiner Mutter.

Sie war entsetzt. »Morild, du musst dich von diesem Mann trennen! Es wäre zu schrecklich, wenn dein Vater das erfahren würde! Er, der im Widerstand gegen die Deutschen kämpft, hat eine Tochter, die sich mit einem Deutschen einlässt!«

»Mama, Max ist ein anständiger Mensch. Er kann nichts dafür, dass er Soldat ist und nach Norwegen abkommandiert wurde. Ich liebe ihn, und er liebt mich. Ich kann ihn nicht verlassen.«

Irgendwann akzeptierte meine Mutter meine Liebe, wenn auch widerstrebend. Doch in der Familie und der Nachbarschaft hatte sich mein Verhältnis mit einem Deutschen herumgesprochen, ich war verfemt. Selbst meine Schwestern verachteten mich.

Dann kam der bis dahin schrecklichste Tag meines Lebens: In der Textilfabrik, in der ich arbeitete, wurde ich ans Telefon gerufen. Es war unsere Hausmeisterin.

»Schnell, Morild, komm heim. Die Gestapo ist hier und verhaftet deine Mutter. Ich habe auch Inger schon Bescheid gesagt.«

Als ich nach Hause kam, war meine Mutter schon weg. Auf dem Tisch lag ein Zettel, auf den sie in zittriger Schrift geschrieben hatte, sie würde nach Grini, in ein Konzentrationslager bei Oslo, gebracht. Inger und ich waren verzweifelt. Zu diesem Zeitpunkt war ich schon »ein bisschen« schwanger, aber außer Max wusste es niemand.

Meine Schwester und ich fuhren hinaus nach Grini und wollten unsere Mutter besuchen, aber wir wurden gar nicht erst vorgelassen.

Inzwischen hatten wir erfahren, dass auch zwei Brüder meines Vaters, die in Ålesund an der Küste lebten, ebenfalls im KZ inhaftiert waren. Sie hatten jungen Norwegern, die im Widerstand kämpften, geholfen, nach England zu entkommen.

Ich machte Max Vorwürfe. Er meinte: »Diese Gestapo ist sehr schlimm, selbst wir einfachen Soldaten fürchten uns vor ihnen.«

Mittlerweile konnte man mir meine Schwangerschaft ansehen, und das machte meine Situation nicht leichter. Nur meine Freundin hielt zu mir.

Ich bat Clare, die heimlich Kontakt zu meinem Vater hatte, ein Treffen mit ihm für mich und Max zu arrangieren. Ich wollte ihn unbedingt wiedersehen.

Nach längerem Zögern stimmte sie zu. Ihr Mann Arne brachte Max und mich nachts zu einem außerhalb Oslos liegenden Friedhof, dort sollten wir Vater treffen. Arne stand Schmiere für alle Fälle. Es war ein gefährliches Unterfangen, denn die Gestapo war überall.

Vater hatte sich hinter einem Busch versteckt. Er nahm mich kurz in die Arme: »Morild, du und das Kind, ihr könnt immer nach Hause kommen, egal was geschieht.«

Unter Tränen nickte ich.

Zu Max gewandt, sagte er bitter: »Ihr nehmt uns unsere Töchter, und die könnt ihr auch behalten.

Aber unser Land, das müsst ihr uns zurückgeben!«
Dann verschwand er in der Dunkelheit.

In Max' Kompanie wussten alle, dass er eine norwegische Freundin hatte, auch sein Vorgesetzter Kapitänleutnant Schmöckel wusste davon. Die Deutschen befürworteten es, wenn ihre Soldaten sich mit »arischen« Norwegerinnen verbanden.

»Lass uns heiraten, Morild«, meinte Max, »das Kind kannst du in dem Lebensbornheim bei Oslo zur Welt bringen, dort bist du gut aufgehoben. Kapitänleutnant Schmöckel wird uns dabei helfen, alles in die Wege zu leiten.«

Ich willigte ein, aber bis zum Entbindungstermin hatte ich noch nicht alle Heiratspapiere beisammen, und so kam unsere Tochter unehelich zur Welt.

Im Lebensbornheim ging es mir gut mit unserem »Kind der großen Liebe«. Ich nannte es Maxie, nach dem Vater.

Endlich war ich mit dem Kind zu Hause in Oslo, allein in der Wohnung, denn Inger war inzwischen ausgezogen und Clare bereits verheiratet und hatte einen kleinen Sohn. Max besuchte uns, so oft es ging, und kümmerte sich um uns. Trotzdem war es schwer für mich. Ich vermisste meine Mutter unsagbar und hätte sie jetzt, allein mit dem kleinen Baby, so sehr gebraucht.

Eines Tages klopfte es an die Wohnungstür. Ich erschrak, denn ich lebte in dauernder Angst und Sorge vor der Gestapo, die immer wieder nach meinem Vater fragte.

Als ich ängstlich öffnete, stand meine Mutter vor der Tür. Sie sah schrecklich aus. Abgemagert, schien um Jahre gealtert. Dreizehn Monate lang war sie im KZ gefangen gehalten worden. Ich war überglücklich, sie in die Arme schließen zu können.

Sie wusste, dass ich ein Kind hatte, eine Bekannte war ebenfalls ins KZ eingeliefert worden und hatte ihr erzählt, dass ich schwanger sei. So konnte sie sich ausrechnen, dass ich inzwischen entbunden hatte.

Endlich, Maxie war inzwischen sechs Monate alt, stand unser Hochzeitstermin an. Ich trug ein hübsches Kleid, und meine Freundin schenkte mir einen extravaganten Hut, auch Max sah in seiner Ausgehuniform sehr gut aus.

Als mich meine Mutter zu Hause zur Trauung verabschiedete, meinte sie wehmütig: »Wenn du wiederkommst, bist du eine Deutsche.« Sie hatte recht, mit der Verheiratung wurde ich automatisch Deutsche.

Unsere Trauzeugen waren »Kaleu« Schmöckel und Fritz, Max' Freund. Meine norwegische Verwandtschaft war nicht gekommen. Der norwegische Standesbeamte behandelte mich äußerst kühl, trotzdem war ich eine glückliche Braut, und endlich waren wir eine Familie.

Nachdem mich »Kaleu« Schmöckel beglückwünscht hatte, meinte er: »Nun werden Sie ja bald nach Deutschland fahren, nicht wahr?«

Ich sah ihn fragend an.

»Wissen Sie denn nicht, dass deutsche Zivilisten nicht in Norwegen bleiben dürfen? Sie dürfen heim ins Reich!«

Ich hatte es nicht gewusst.

Drei Monate später, im Juli 1943, war es so weit. Die Deutschen hatten meine Ausreise geplant.

Mit dem Zug würde ich nach Schweden fahren, mit der Fähre nach Deutschland übersetzen, weiter nach Berlin und von dort durch das zerbombte Deutschland gen Süden fahren, in Max' Heimat in Bayern. Mir stand mit dem neun Monate alten Kind eine lange Reise durch das mir fremde, vom Krieg zerstörte Deutschland bevor.

Ich begann zu packen, keinesfalls wollte ich ärmlich in Deutschland ankommen. Sogar Skier, mein Fahrrad und meine Nähmaschine verstaute ich in den Kisten, die dann nach Deutschland verfrachtet wurden.

Max hatte zwei Wochen Heimaturlaub bekommen, durfte aber nicht mit mir reisen, konnte mich erst in Berlin treffen.

Als mich meine Familie und Freunde zum Bahnhof in Oslo brachten, flossen die Tränen.

»Ich fürchte, das wird eine Reise in die Armut«, meinte meine Mutter schluchzend, als sie mich und Maxie ein letztes Mal umarmte. Sie sollte recht behalten, aber das ahnte ich damals nicht.

Mit mir reisten im Zug andere Norwegerinnen in Richtung Deutschland. Die meisten hatten ebenfalls ein Kind oder waren schwanger, aber keine war verheiratet wie ich. Alle beneideten mich darum. Sie wollten Norwegen verlassen, weil man als »Deutschenflittchen« schlimmen Repressalien ausgesetzt war und sie sich und ihren Kindern in Deutschland ein besseres Leben erhofften. Einige von ihnen waren

Max und ich bei unserer Hochzeit.

von ihren eigenen Familien verstoßen worden. Alle mussten für ihre Liebe mit dem Verlust der Heimat bezahlen.

Zwar sollte ich Max erst in Berlin treffen, aber als wir mit dem Schiff in Deutschland ankamen, sah ich ihn schon unter den Wartenden stehen. Nie habe ich ihn so geliebt wie in diesem Augenblick!

»Ich habe mich abgesetzt, ich wollte dich unbedingt bei deiner Ankunft in Deutschland selbst in Empfang nehmen«, flüsterte er mir zu, als er mich umarmte.

In Begleitung einiger junger Mädchen vom BDM, dem Deutscher Mädel, fuhren wir nach Berlin, wurden in einer Art Jugendherberge untergebracht.

In der Nacht griffen Bomber die Stadt an, wir mussten in den Keller fliehen, es war schrecklich. Ich hatte bisher noch keinen Bombenangriff erlebt, Todesangst, hielt Maxie an mich gepresst.

Am nächsten Tag machten wir uns per Zug auf den Weg nach Süddeutschland. Die Zustände auf den Bahnhöfen waren katastrophal, Tausende von Flüchtlingen waren unterwegs, die Züge fielen zeitweise aus, doch irgendwie gelang es Max immer wieder, uns weiterzubringen.

Schöne Landschaften zogen an uns vorbei, doch wenn wir durch Städte fuhren, sah man die schrecklichen Verwüstungen, die die Kampfflugzeuge der Engländer und Amerikaner mit ihren Bomben angerichtet hatten.

»Sorg dich nicht, Morild. Bei uns daheim ist es ganz friedlich. Es wird dir dort gefallen, und die

Julie wartet schon auf uns«, versuchte Max, mich zu beruhigen.

Nach Tagen kamen wir endlich erschöpft in Bruckmühl, in Max' Heimat, an. Neugierig sah ich mich um. Es war ein kleiner ländlicher Ort an einem Flüsschen, der Mangfall, eine Kirche von Häusern umgeben, Schotterstraßen. Alles schien ruhig und friedlich.

Max führte mich zu einem schlichten Haus, das zwischen der Mangfall und einem Kanal lag. Davor stand Julie, eine Frau um die fünfzig, in einer Kittelschürze und schien auf uns zu warten. Diese Frau sollte mein Schutzengel für die nächsten schweren Jahre werden.

Bereits nach zwei Wochen musste Max wieder zurück nach Norwegen, an die Front im Norden. Unser kurzes Eheleben war vorbei, bevor es richtig begonnen hatte. Ich blieb in diesem fremden Land zurück, konnte nicht einmal die Sprache sprechen. Julie kümmerte sich aufopfernd um mich, brachte mir Deutsch bei, nahm mich überallhin mit, half mir, mich einzugewöhnen.

Kontakte nach Norwegen waren unmöglich, gelegentlich kam ein Feldpostbrief von Max, so wusste ich, dass er jetzt bei Narvik im Norden Oslos war, wo die Kämpfe stattfanden.

Auch Julie wartete täglich auf Post ihrer drei Söhne, die alle an der Front waren.

Noch berichtete Hitlers Propaganda nur von Siegen an allen Fronten, doch irgendwann kippte diese Euphorie, und am 8. Mai 1945 war es so weit: Deutschland hatte den Krieg verloren.

Nun warteten alle, die noch keine Hiobsbotschaft über den Tod ihrer Männer und Söhne bekommen hatten, auf deren Heimkehr.

Nach und nach kamen Julies Söhne nach Hause, von Max keine Spur. Ich bangte und hoffte.

Eines Tages erhielt ich den Brief, der alle meine Hoffnungen auf ein baldiges Wiedersehen zerstörte. Ein Kamerad von Max schrieb mir, dass alle dreihunderttausend in Norwegen stationierten Soldaten in Kriegsgefangenschaft gebracht worden waren – darunter Max. Ich war verzweifelt.

In Deutschland begann die harte Nachkriegszeit. Hatte es während des Krieges noch fast alles gegeben, war nun alles Mangelware.

Dazu kamen die Massen von Flüchtlingen aus dem Osten zu den Ausgebombten der Städte, die auf das Land geflüchtet waren. In jedes Haus wurden Menschen einquartiert, auch bei Julie. Es wurde ziemlich eng.

Mehr schlecht als recht bewältigten wir den schwierigen Alltag, dabei hatten es wir auf dem Land noch gut im Verhältnis zu den Menschen in den zerstörten Städten und den Flüchtlingen, die alles verloren hatten.

Zu meiner Familie in Norwegen war weiterhin kein Kontakt möglich. Ich vermisste sie, vor allem meine Mutter, wusste nicht, wie es ihnen erging, konnte nur hoffen, dass es in Norwegen jetzt, nach dem Krieg, besser war als hier in Deutschland.

Auch von Max hörte ich monatelang nichts, bis endlich ein Brief kam. Er schrieb, er sei in einem

Die kleine Maxie und ich in Bruckmühl.

Lager in Südfrankreich, müsse schwere Arbeit im Bergwerk leisten. Aber er lebte immerhin.

Unser Briefwechsel war beschränkt, man durfte nur genau zwanzig Worte schreiben, und es dauerte lange, bis wieder ein Brief kam.

Der nächste Schicksalsschlag traf mich, als die kleine Maxie schwer erkrankte. Sie hatte sich bei einem von Julies Söhnen, der mit Tuberkulose aus dem Krieg heimgekommen war, angesteckt und musste in ein Kindersanatorium in Berchtesgaden.

Von Max hatte ich inzwischen erfahren, dass er nach einer missglückten Flucht in ein anderes Gefangenenlager in den berüchtigten Rheinebenen gebracht worden war. Ich beschloss, ihn dort zu besuchen, hatte solche Sehnsucht nach ihm. Alle hielten mich für verrückt, nur Max' Bruder Josef, der in Frankfurt lebte, wollte mir helfen.

Da ich keinen Besuchsschein für die französische Zone bekam, besorgte er mir mit dem Pass einer Bekannten solch einen Erlaubnisschein. Also fuhr ich los nach Frankfurt und weiter mit Josef, der mich zu dem Gefangenenlager begleitete, dessen Namen ich heute nicht mehr weiß.

Unter größten Schwierigkeiten gelang es mir, Max zu sehen, allerdings nur hinter Stacheldraht. Über einen Graben hinweg konnten wir uns einige Worte zurufen. Das war alles. Ich war schrecklich enttäuscht. So viele Risiken hatte ich auf mich genommen, mit so wenig Erfolg.

Doch ich blieb hartnäckig. Am nächsten Tag ging ich wieder hin, und dieses Mal durfte ich Max für zehn Minuten in einem Raum sehen. Er war abgemagert und sah mit seinen geschorenen Haaren fremd aus, doch wir konnten uns kurz umarmen und Mut zusprechen. Irgendwann würden die Kriegsgefangenen wieder freigelassen werden!

Maxie wurde zum großen Glück wieder gesund. Auch der Alltag wurde erträglicher, die große Not der Nachkriegszeit besserte sich mit der Währungsreform. Plötzlich konnte man in den Läden wieder alles kaufen, wo es am Tag vorher nichts gegeben hatte.

Auch nach Norwegen konnte ich wieder schreiben und von dort Post erhalten. Nun erfuhr ich, dass meine Mutter mit meiner Schwester Inger und deren Zwillingen ein Jahr nach meiner Abreise nach Deutschland in das neutrale Schweden geflüchtet war. Sie war immer wieder von der Gestapo vernommen worden, und mein Vater befürchtete, sie könnte erneut in ein Konzentrationslager gebracht werden. So hatte er aus dem Untergrund heraus ihre Flucht nach Schweden organisiert.

Doch inzwischen war die Familie wieder vereint, und allen schien es gut zu gehen. Sie hatten die deutsche Besatzung überstanden, was nicht allen Norwegern gelungen war. Auch unter der Zivilbevölkerung hatte es viele Opfer gegeben.

Meine Mutter schrieb mir auch, wie gut es wäre, dass ich in Deutschland lebte. Nach dem Krieg hatte es Verfolgungen und Verhaftungen vieler norwegischer Frauen gegeben, die sich mit deutschen Soldaten eingelassen hatten. Viele wurden des Verrats angeklagt, gefangen gesetzt und ihre Kinder, die

»Tyskerbarna«, die »Deutschenbälger«, deportiert oder in Heime gesteckt. Es war eine schreckliche Tragödie.

Bis heute, nach so vielen Jahren, laufen in Norwegen Prozesse dieser inzwischen längst erwachsenen Kinder gegen den norwegischen Staat wegen der Leiden, die ihnen, den Unschuldigen, angetan worden waren.

Ich wartete immer noch auf Max' Rückkehr. Man hörte, dass nun, drei Jahre nach Kriegsende, verschiedene amerikanische und französische Lager aufgelöst würden. Ich hoffte, dass auch das Lager von Max dabei wäre, hatte seit einiger Zeit nichts von ihm gehört, war in großer Sorge. Bei Weitem nicht alle Gefangenen überstanden die Strapazen und unmenschliche Behandlung in den Lagern.

Eines Tages, ich stand in der Küche, stürmte das kleine Nachbarskind herein: »Der Herr Nirschl kommt!«, rief sie mir zu. Ich starrte sie verständnislos an. Sie nahm mich bei der Hand. »Komm mit, der Herr Nirschl ist da!«

Unfrisiert und in der Kittelschürze lief ich nach draußen, und da stand er am Nachbarszaun und redete mit der Nachbarin.

»Max!«, schrie ich und lief ihm entgegen. Er breitete die Arme aus, und ich flog hinein. »Max«, weinte ich vor Freude.

Auch ihm kamen die Tränen.

Mittlerweile war auch Maxie dazugekommen. Sie war inzwischen fünf Jahre alt und hatte ihren Vater bewusst noch nie gesehen. Misstrauisch sah sie zu dem Mann auf, der ihre Mutter in den Armen hielt und nicht mehr loslassen wollte. Energisch drängte sie sich dazwischen. Ich nahm sie hoch. »Schau, das ist die Maxie!«, stellte ich unsere kleine Tochter ihrem endlich heimgekehrten Vater vor.

Jetzt erst sah ich, wie ausgezehrt und abgemagert Max war. Seine einst so schönen Locken waren abrasiert, er steckte in abgerissener Hose und Jacke. Ein Bild des Jammers, und trotzdem war ich überglücklich, ihn zu sehen.

Alles andere würde werden.

Die nächsten Monate wurden schwierig. Max hatte sich verändert wie so viele Männer, die die brutalen Jahre im Krieg, an der Front und später noch die harten, entbehrungsreichen Jahre der Gefangenschaft überlebt hatten.

Auch ich hatte mich verändert – von dem unbeschwerten Mädchen damals in Oslo zu einer ernsten jungen Frau. Zudem wurde ich schnell schwanger, und ein Jahr nach Max' Rückkehr wurde unsere Tochter Heidi, das »Kind der Wiedersehensfreude«, geboren. Jetzt hausten wir zu viert in einem Zimmer im Haus von Julie. Da konnten Spannungen nicht ausbleiben, auch wenn ich mich bemühte, Max alles recht zu machen.

Nachdem Max sich etwas erholt hatte, fand er Arbeit in der Wolldeckenfabrik, in der er schon vor dem Krieg gearbeitet hatte. Das entspannte die Situation etwas.

Das deutsche Wirtschaftswunder ging auch an uns nicht vorbei. Irgendwann bekamen wir eine Betriebswohnung, Max engagierte sich in der Gewerkschaft und im Betriebsrat, und ich kümmerte mich als Hausfrau um unsere drei Kinder, denn nach Heidi und Maxie wurde uns eine dritte Tochter, Morild, geboren.

Nach einigen Jahren besuchte mich meine Mutter zum ersten Mal in Deutschland. Ich war froh, dass sie nicht früher hatte kommen können und nicht die Beschränktheit sah, in der wir nach dem Krieg lebten. Ihr Ausspruch beim Abschied: »Das wird ein Leben in Armut«, hatte sich bewahrheitet.

Mein Vater kam uns nie besuchen. Er weigerte sich Zeit seines Lebens, einen Fuß auf deutschen Boden zu setzen.

Als Sechzehnjährige war Maxie von meiner Schwester Clare für ein Jahr nach Norwegen eingeladen worden.

Als sich dieses dem Ende zuneigte, beschlossen wir, mit der ganzen Familie nach Norwegen zu reisen, auch um Maxie abzuholen. Max hatte gerade erst den Führerschein gemacht und ein gebrauchtes Auto gekauft. Endlich sollte ich meine alte Heimat wiedersehen.

Nach tagelanger Fahrt kamen wir in Oslo an, der schönen Stadt am Fjord. Es hatte sich wenig verändert, Oslo war von Kriegsschäden verschont geblieben.

Jetzt sah ich auch zum ersten Mal nach vielen Jahren meinen Vater wieder. Mir war etwas bang vor unserer Begegnung. Ich wusste, wie sehr ich, seine Lieblingstochter, ihn enttäuscht hatte mit meiner Liebe zu einem deutschen Soldaten. Doch als wir uns unter Tränen in den Armen lagen, spürte ich, alles war gut.

Wir verlebten drei schöne Wochen in Oslo und in Malm, wo die Familie ein Sommerhaus hatte. Ich traf meine Schwestern mit ihren Familien, sah alte Freunde wieder. Nicht alle meine Verwandten wollten mich sehen, einige verachteten mich immer noch für den »Verrat« an meinem Vaterland.

Einmal fuhren Max und ich hinaus zum Fjord, suchten und fanden die Stelle wieder, an der wir uns zum ersten Mal gesehen hatten. Wir setzten uns im Schutz eines Felsens ins Gras und schauten hinaus auf das glitzernde Wasser. Wie schön meine Heimat war! Wie vieles sich inzwischen ereignet und verändert hatte seit damals, als wir verliebt und voller Zweifel und doch auch voller Hoffnung hier saßen.

»Könntest du hier in Norwegen leben?«, fragte ich Max.

»Das fragst du nicht im Ernst, oder?« Er sah mich entsetzt an.

Ich lachte. »Nein, ich weiß, dass meine Heimat Deutschland ist«, beruhigte ich ihn.

Kurz vor Ende der Ferien gestand uns Maxie, dass sie nicht mit nach Deutschland kommen würde. Sie hatte sich in einen jungen Norweger, Jan, verliebt und wollte für immer in Norwegen bleiben.

So geschah es.

Am Tag vor der Abreise entdeckte ich, dass jemand auf den Kofferraumdeckel unseres deutschen Autos gekritzelt hatte: *Was wollt ihr hier? Haut ab!*

Das machte mir den endgültigen Abschied von Norwegen etwas leichter, jetzt wusste ich, dass Deutschland meine Heimat war und es kein Zurück mehr gab.

Dank

Wie kam es zu diesem Buch?

Im Frühjahr 2019 erschien das ergreifende Buch »Irgendwie überlebt« über Soldatenschicksale im Zweiten Weltkrieg von Klaus Förg, dem Inhaber des Rosenheimer Verlagshauses.

Daraufhin keimte in mir die Idee, ein Buch über die Frauen zu schreiben, die Flucht, Vertreibung und später Aussiedlung erleiden mussten.

Vordergründig waren es die Soldaten, die an der Front den Wahnsinn des Krieges mit ihrem Leben bezahlten oder »irgendwie« überlebten.

Doch was war mit den Geflüchteten und Vertriebenen, den Frauen, die Übermenschliches erdulden und leisten mussten, um sich und ihre Familien »irgendwie« durchzubringen?

Sie trugen meist allein die Last, ihre Kinder, Eltern und Großeltern aus den Ostgebieten in Sicherheit zu bringen, da ihre Männer noch an der Front, vermisst oder gefallen waren.

Viele Gebiete im Osten waren von dieser Katastrophe betroffen, wie zum Beispiel Ungarn, Pommern oder das Baltenland.

Ich habe mich in diesem Buch auf Schicksale aus dem Sudetenland, aus Schlesien und Ostpreußen beschränkt, hier konzentrierte sich das Leid in millionenfacher Zahl.

Die Erzählungen »meiner« Frauen, als Stellvertreterinnen betroffener Altersgenossinnen, die nicht mehr leben oder ihre damaligen Erlebnisse nicht erzählen wollen oder können, haben mein Herz berührt.

Viele haben gerne erzählt, waren froh, sich nun, zum Ende ihres Lebens, diese Erinnerungen von der Seele reden zu können. Denn nicht immer sind Angehörige begeistert, wenn die »Oma« mal wieder von der Flucht erzählt, selbst wenn diese grauenvolle Details aus Rücksicht auf die »Jungen« ausspart.

In unseren Gesprächen wurde aus dem Nebel der Vergessenheit vieles wieder lebendig, manche Träne ist geflossen in der Erinnerung an Misshandlung, Raub und Vergewaltigung, an getötete oder vermisste Familienangehörige, Freunde oder Bekannte.

Alle diese Frauen waren noch jung, als sie die Heimat verlassen mussten; manche greifen daher auch auf die Erzählungen ihrer Mütter und Großmütter zurück, um uns ein lückenloses Bild ihrer Lebenslinien zu liefern.

Jede von ihnen lebt heute in guten Verhältnissen. Fast alle haben nach dem Krieg hier im Westen ihren Lebenspartner gefunden, geheiratet und eine Familie gegründet. Sie alle haben sich aus dem Nichts ein neues Leben aufgebaut.

Ich bedanke mich bei allen Erzählerinnen für das Vertrauen, sich mir zu öffnen, für die Erlaubnis, ihre Berichte in diesem Buch zu veröffentlichen.

Für jede bleibt ihre Geschichte ein Dokument für sich selbst, aber auch für ihre Familie sowie für

Leser, die dieses Thema berührt, und – über ihren Tod hinaus – für die interessierte Nachwelt. Denn es sind persönliche Erlebnisse und Erfahrungen, die bald dem Vergessen anheimfallen, wenn sie nicht heute aufgeschrieben würden. Zu vieles ist fünfundsiebzig Jahre nach dem Ende des Zweiten Weltkrieges schon längst Geschichte, nicht mehr erfahrbar.

Mögen die nachfolgenden Generationen nicht nur von diesen Schrecken verschont bleiben, sondern sich auch ihrer Verantwortung bewusst sein, aktiv dazu beizutragen, dass sich solch eine Katastrophe nie mehr wiederholt.

Viktoria Schwenger

Von Viktoria Schwenger bereits erschienen:

Morild
208 Seiten
ISBN 978-3-475-54832-1

9. April 1940. Deutschland überfällt das neutrale Norwegen und damit endet das bisher sorglose Leben der jungen Norwegerin Morild. Obwohl der Kontakt zu Besatzungssoldaten von ihren Landsleuten verachtet wird, verliebt Morild sich Hals über Kopf in den deutschen Soldaten Max, bekommt sein Kind und heiratet ihn schließlich in Oslo. Mit ihrer Tochter flieht sie über Schweden durch das kriegsgebeutelte Deutschland in die Heimat von Max im Süden des Landes und Jahre bangen Wartens auf Max' Rückkehr beginnen für sie …

Agnes – Mein Leben als Weinbäuerin
208 Seiten
ISBN 978-3-475-54554-2

Viktoria Schwenger erzählt das außergewöhnliche Leben der Weinbäuerin Agnes. Inmitten der fränkischen Weinberge wird diese bereits als Kind zu schwerer Arbeit erzogen, die sie bis ins hohe Alter begleitet. Sie hat den Krieg erlebt, die Hoffnung auf ihre heimkehrende Liebe und das Glück zahlreicher Kinder. Trotz vieler Sorgen und Schicksalsschläge behielt sie stets ihren Lebensmut und die Freude an den kleinen Dingen. Lesen Sie diesen berührenden Bericht über das Leben einer ganz besonderen Frau.

Die Blumenflüsterin Maria – Mein Leben als Marktfrau

224 Seiten

ISBN 978-3-475-54437-8

Trotz zahlreicher Schicksalsschläge lässt die Marktfrau Maria Lieber sich niemals unterkriegen und eröffnet einen Blumenstand auf dem berühmten Nürnberger Hauptmarkt. Sie liebt ihre Arbeit, und schon bald kennt man sie als richtiges Original. Viel hat Maria gesehen und erlebt. Von Geschichten aus der Nürnberger Schickeria über anrührende Erlebnisse ihrer Stammkunden bis hin zur beinharten Konkurrenz unter den Standbesitzern. Turbulent, amüsant, tieftraurig und dann wieder zum Lachen komisch – all dies sind die kleinen wie großen Ereignisse, die ihren Weg begleiten.

Im Rosenheimer Verlagshaus bereits erschienen:

Unglaubliches Schicksal einer Nonne
272 Seiten
ISBN 978-3-475-54853-6

Als Mitte des 19. Jahrhunderts die vier Kinder des Ehepaares Waldheim nacheinander sterben, geben diese auf Anraten ihres Pfarrers das Versprechen ab, ihre nächsten Kinder in den Dienst der Kirche zu stellen. So werden die dreizehnjährige Anna ins Kloster und der vierzehnjährige Xaver ins Priesterseminar nach Prag gebracht. Anna, die sich auch nach sechs Jahren immer noch nicht mit ihrem Leben im Kloster abgefunden hat, lernt einen jungen Adeligen kennen, der das Kloster mit Wäsche beliefert. Sie verlieben sich ineinander, doch eines Nachts entführt er sie ...

Das böse Weib vom Weiherhof
256 Seiten
ISBN 978-3-475-54837-6

Die kleine Vroni lebt auf einem Bauernhof, den ihr Vater aus einer Notlage heraus von einer alten Frau auf Rentenbasis erworben hat. Als Vroni fünf Jahre alt ist, greift das Schicksal nach der Familie. Durch einen landwirtschaftlichen Unfall wird der Vater querschnittsgelähmt, und wenig später stirbt die Mutter nach einem Autounfall. Nun kümmert sich die alte Frau liebevoll um die Halbwaisen. Erst Jahre später erfährt Vroni, dass diese Frau ursächlich am Tod der Mutter schuld ist.

Sommererde – Eine Kindheit als Magd

320 Seiten
ISBN 978-3-475-54716-4

Als ihre Mutter plötzlich im Kindbett stirbt, muss die vierzehn-jährige Maria die Verantwortung für ihre zwölf Geschwister übernehmen. Zwar erfüllt sie sich Jahre später ihren Traum und wird Lehrerin. Nach der Hochzeit mit ihrer großen Liebe Josef muss sie jedoch ihren Beruf aufgeben und um das Überleben ih-rer bald siebenköpfigen Familie kämpfen. Schließlich müssen die Eltern ihre zehnjährigen Zwillingstöchter Hanni und Berta schweren Herzens als Mägde in Dienst schicken. Wie wird es den beiden nun völlig auf sich allein gestellten Schwestern auf ihrem weiteren Lebensweg ergehen?

Hoffnung auf das große Glück – Das Leben meiner Oma
304 Seiten
ISBN 978-3-475-54666-2

Ingolstadt 1916: Die kleine Fanny wächst nach dem plötzlichen und tragischen Tod ihrer Mutter bei ihren Großeltern auf. Sie findet nie einen richtigen Anschluss an die Familie. Auf ihrer Suche nach Liebe und Geborgenheit verliert Fanny trotz Schicksalsschlägen und Entbehrungen nie die Hoffnung und geht ihren Weg.

Tagebuch einer Landhebamme
256 Seiten
ISBN 978-3-475-54332-6

Rosalie Linner übte fast 40 Jahre in verschiedenen ländlichen Regionen Oberbayerns den Beruf der Hebamme aus. Freude und Tragik, Geburt und Sterben lagen nicht selten nah beieinander. Das Tagebuch gibt unvoreingenommen und in einfacher Sprache tiefe Einblicke in das Leben der Menschen auf dem Land – zu einer Zeit, in der Aberglaube und Brauchtum, die Gesetze der Großfamilie und bescheidenste Verhältnisse das Dasein bestimmten. Das Buch ist ein historisches Zeugnis eines Berufes, den es in dieser Form und Ausübung heute nicht mehr gibt.

**Informationen zu unserem Verlagsprogramm
finden Sie unter www.rosenheimer.com**